SERIE DE VOCABULARIOS INDIGENAS
MARIANO SILVA Y ACEVES

Núm. 12

VOCABULARIO
MIXTECO
DE SAN MIGUEL EL GRANDE

compilado por

Anne Dyk y Betty Stoudt

Publicado por el
Instituto Lingüístico de Verano
en coordinación con la
Secretaría de Educación Pública
a través de la
Dirección General de Educación Extraescolar
en el Medio Indígena
México, D.F.
1973

primera edición   1965   600 ejemplares
segunda impresión   1973   300 ejemplares

© Summer Institute of Linguistics, Inc. 1965

noviembre de 1973   segunda impresión

PROLOGO

El presente vocabulario es del Mixteco Alto que se habla
en San Miguel el Grande, Estado de Oaxaca, y representa
uno de los numerosos dialectos del idioma mixteco. La
escasez de literatura en el idioma mixteco no indica, como
es la creencia común, que los mixtecos no tienen una riqueza
de expresión comparable a cualquier otro idioma. Al contrario, los compiladores de esta pequeña colección de palabras
del mixteco solamente pudieron incluir aquí palabras de uso
común en la vida diaria. El vocabulario mixteco es suma-
mente extenso; sin embargo, se espera que con los vocablos
que aquí se incluyen se logre nuestro propósito, que es el de
que este vocabulario sea útil a los tres grupos siguientes:
al grupo popular, formulado por los hablantes de mixteco que
desean aprender el castellano; al grupo oficial formado por
maestros o comerciantes cuyas responsabilidades o intereses
exigen el conocimiento de la lengua; al grupo científico, con-
stituído por lingüistas y antropólogos. Se hace notar que las
observaciones acerca del alfabeto y la gramática no son de
carácter técnico, sino que se presentan en la forma más
sencilla posible pues se espera que sean una ayuda más para
las personas de habla mixteca en el aprendizaje del idioma
nacional.

Esta obra hubiera sido imposible sin la ayuda esmerada
que innumerables personas nos han prestado durante el curso
de varios años, y precisamente por haber sido tantas, no
podemos mencionarlas por nombre, pero por medio de estas
breves palabras deseamos expresar nuestra gratitud a cada
una de ellas.

La sección principal del libro se divide en dos partes:
En la primera aparecen las palabras mixtecas por orden
alfabético con sus equivalentes en español, y en la segunda
parte aparecen las palabras españoles en orden alfabético
con sus equivalentes en mixteco.

En la sección final del texto se incluyen seis apéndices
con notas aclaratorias sobre el alfabeto, la gramática, etc.

VOCABULARIO
MIXTECO-CASTELLANO

A

a   significa acción ya terminada
    o ya realizada
    a nɼ cuu   ya se terminó
    a yée-í   el niño ya come

á   significa una pregunta
    á vāha   ¿es bueno?
    á cuu   ¿se puede?

aā   expresión de disgusto, pena
    o sorpresa

aān   expresión afirmativa y de
    convenir; sí

acā   expresión de exclamación
    acā chāa cúu-ní   ¡que hom-
    bre!

acuáa   noche

áchí   dice

aíni   la tarde

ama   de repente

anáhán   antiguamente, remoto,
    hace mucho tiempo

ándéé   grande

andɨví   cielo

andúā   algo, un poco

andujɨ̃n   el año pasado

ándúú   de día, día

añú   corazón, alma, persona
    nāún sáha añú   ¿qué haces
    tú?
    añú cúu   es un muerto
    añú-rɼ   mi alma

aquɼ   chamuscado
    xicō aquɨ   apestoso

asūn   sabroso
    asūn yée   es sabroso
    asūn jáhān   huele bien

atá   acta

ātocon   Nochistlán, Oaxaca

atu   de sabor acedo

ava   añejo, lo del pasado
    nunɼ áva   maíz viejo

C

cā o cá   prefijo verbal que in-
    dica el plural
    cájica-de   ellos andan
    nɼ cājica-de   ellos andaron

cāa   metal, campana; hielo;
    bazo
    cāa uū   son las dos horas
    cāa cuáán   oro
    cāa ndɨ̃yi   campana fúnebre
    cāa-yó   el bazo

caa   subir, ascender
    cáa-de yunu   él sube al árbol
    nɼ caa-de ñíhin   se bañó en
        temascal
    nɼ caa-gā   se aumentó
    scáa   hacer subir

caā   extenderse, alargarse
    cáā   se extiende
    nɼ nacaā-de   él se estremeció
    scáā   extender

cāa   estar, ser, tener la forma
    de
    ndasa cáa   ¿cómo es?
    súan nɼ cāa   así era
    cáa cuíjín   es blanco

cāan   acostumbrarse, hallarse
    nɼ cāan-i ñuū-ún   él se halló
        en aquel pueblo
    mā cáan-i   él no se hallará

caān   taladrar, agujerar
    cáān-de yaū yunu   agujera la
        madera

cacā cal

caca andar, ir
  caca cuáhán ¡vaya! ¡vete!
  caca jáhá-i él irá a pie
  jíca ndee-i él anda gateando
  jíca tuun-i él anda recto

cacan cadera, muslo

cácán adolorido
  nī cuu cácán jahā-ná me
    dolieron los pies

cacān pedir
  cacān tūhún-rǫ́-i pregúntale
  cacān-rō núū-í pídele
  jicán tahū-í él suplica, él
    ora

cacu nacer
  nī cacu-i el niño nació
  nī scácu-ña-í ella dió a luz,
    parió un niño

cācu escapar

cacūhun chocar, golpear
  nī cacūhun-de-ná él me tiró

cacha cavar, ahondar, escarbar
  nī jācacha-de yaū se fué a
    cavar un hoyo (en la tierra)
  jácha-de él está cavando

cachā tirar, esparcir, sembrar
  mā cachá-rō no lo tires
  cachā-rō quīhīn tíralo
  jachá-de triú él está sem-
    brando trigo

cachā malacate, huso

cachī algodón

cachī decir
  cachī-rō cúni-de dīle a él
  mā cachí no se permite

cachi despedazar, desgarrar,
  pellizcar
  nī cachi-de sōho-i pellizcó
    la oreja del niño

cachíní sombrero

caha cadera

cāhá barato
  sahma cāhá ropa barata
  nī cānihīn cāhá-yó lo con-
    seguimos barato

cahān hablar
  cáhān-de él habla
  cahān cáhnu animar, consolar
  cahān cátá burlar, mofar
  cahān ichī despreciar
  cahān jaa hablar en voz alta
  cahān jahā intervenir
  cahān nchaā escarnecer
  cahān ndāhú suplicar
  cahān ndēhé tutear
  cahān nīhin insistir
  cahān síquī hablar en chanza
  cahān sāhán hablar con res-
    peto
  cahān sóó quejar, murmurar
  cahān yāá cuchichear

cahi pintar, teñir

cahma resonar, sonar, retumbar
  nī cahma sonó
  scáhma hacer resonar

cahmu quemar
  cahmu-rō tutú quema el pa-
    pel
  nī jahmu-de lo quemó
  nī cayū se quemó

cahnchā cortar; pagar una
  deuda; doler
  quicahnchā-ná nducū voy a
    cortar leña
  cahnchā-rō núū páguelo
  jáhnchā inī-rī me duele el
    estómago; estoy decidido

cahndī explotar, tronar
  cáhndī andívī está tronando
  cáhndī cueté los cohetes ex-
    plotan
  scáhndī hacer explotar

cahni calor, sudor
  nī jucuīta cahni ya pasó el
    calor del día
  ñucáhni tierra caliente

cáhnu grande; juntamente
  cáyee cáhnu-de ellos comen
    juntos
  cáhnu-i el niño es gordo
  vehe cáhnu casa grande

cahnū quebrar, cortar; domar
  cahnū-ná-i voy a corregirle
  cájahnū-de tirú están cor-
    tando trigo

cahnŭ ndoso sobrecortar, cortar dejando el rastrojo
  nſ tahnŭ se quebró

cahnu sumergido
  nſ quee cahnu se sumergió
  scuíta cahnu-ró déjalo sumir

cahu leer, contar, numerar
  cáhu-i está leyendo
  cáhu-i-tſ está contando los animales

cáhú grave, peligroso
  cáhú xaān cúu. es muy peligroso
  cáhú táhān-de él está gravemente enfermo

cāhva heces, escoria, sedimento

cáhvá vicioso, borracho

cahya rajarse, henderse
  nſ cahya se rajó

cāí encorvarse, enchuecar
  nſ cāí-de xinſ-dé él inclinó la cabeza
  scáí hacerlo encorvar

cáichacŭ-i ellos viven

cáindáhá-i lo traen en la mano

cáisíquɪ-í juegan

caſtahnŭ doblar
  nſ jaſtahnŭ-i lo dobló

caja soplar, sacudir
  cája-í ñuhŭn está soplando el fuego
  nſ caja véhe la casa se derribó

cáján sonar, resonar
  cáján tachſ se oye el sonido del viento
  scáján hacer sonar, tocar (la puerta)

caji comer
  caji-tí cuní-tſ los animales quieren comer
  scáji dar de comer
  yáji-tſ el animal come

cajſ vituperar, ofender
  nſ cācaji-i-ná me dijeron vituperios

cāji escoger, elegir
  cāji-ró ɪ́ɪn escoge uno

cají encaje

cájí claro, sincero, abiertamente
  nſ cahān cájí-de él habló claramente

cajin calofrío, escalofrío, humedad
  jíhſ-ná cajin tengo escalofrío
  íó cajin ñuhun es húmedo el terreno

cana salir, brotar, apuntar, llamar
  nſ cana nŭhun-i su diente salió
  cána nducha sale el agua, nace el agua
  cána-de xinſ-í le está llamando
  cána jíín-de él le regaña
  cána cóhó-de él grita

canāá quejarse, reñir, pelear
  cácanāá-i están peleando

cánacuxndíí ellos acusan, condenan (plural de nácuxndíí)

cánastútú lo están juntando, lo recogen (plural de nástútú)

cánchaā está, está presente, está sentado

canda saber, aguantar, brincar, soportar; escamparse (la lluvia)
  mā cánda no hay lugar, no cabe, no se aguanta
  nſ canda saŭ la lluvia se escampó
  cánda-i el niño está brincando

candā moverse
  scandá hacer mover, incitar

cándāa es, tiene la forma de
  cándāa yaa es blanco

cándáhá lo lleva en la mano

cándee está
  itŭ cándee-de él está en la milpa
  cándee jícá está lejos

cándichɨ está parado
  yúan cándichɨ vehe-ún por allí está la casa

cándiɨ está de pie

candíja creer, confiar

candita acercarse
  candita-ró acércate
  scándita hacer acercar

cándóhó planta medicinal, yerba de tapón

cándoso moneda antigua, de diez y ocho centavos

canduū adelantarse, acercarse

cánduū inɨ enojarse
  cuehē cánduū ictericia

cáni largo
  cáni cuahān ichi el camino es largo
  nɨɨ cáni para siempre
  sácáni hacer largo

cani golpear, pegar
  cáni táhan-de ellos pelean
  cáni taja está tronando el rayo

cani poner, construir, colocar
  nɨ jani-de vehe construyó una casa
  ndasa jáni inɨ-ró ¿cómo crees tú?
  nácani inɨ-de él se arrepienta
  cani tūhun relatar
  cani xíní ponerlo patas arriba

canɨ inɨ desear, anhelar
  caní inɨ-i ndica él desea un plátano

cánɨ viscoso, baba

canso patear

canū gastar, derribar
  mā canú-ró xúhún-ún no gastes el dinero
  a nɨ janū-de ya lo gastó
  nácanū-de vehe está desarmando la casa

cánú nudoso
  nɨ chísó cánú-de lo alargó con un nudo (la cuerda)

cánúú importante, preciso

cañā enredarse
  nɨ cañā se enredó
  tícañá desorden

cáñá travieso, enredador

cáñáá es perverso, malo

cáñáá xinɨ está loco, tonto

cañaa levantar, alzar
  nɨ cañaa-de yunu él levantó el tronco

cañúhún cordorniz, ave parecida a la perdiz

caquɨhvi inɨ hipar, tener hipo

caquɨn extender, poner, tender, regar
  nɨ jaquɨn-de nducha él está regando
  jaquín-tɨ ndɨvɨ la gallina pone huevos
  caquɨn nchaā-de ñuhun él va a hipotecar el terreno

cāsá cuñado
  sēhe cāsá yerno
  táhan cásá concuño

cásátūha están preparando (plural de <u>sátūha</u>)

casɨ inɨ desayunarse
  scasí inɨ-nā-tɨ doy el desayuno a los animales
  nɨ jasɨ inɨ-rɨ me desayuné

cásɨ cosquilloso

castūhún decir, avisar
  castūhún-ró nuū-í dígale

casū cerrar, impedir, prohibir, tapar
  casū-ró yúhu-ro cállate
  ndasú vehe la casa está cerrada

casucún nuca, cogote

casūn tostar, asar; tostado
  nɨ casūn staā la tortilla está tostada

cata cantar
  cata-ró canta tú
  cájita-i está cantando
  cata jáhá-i van a bailar

cátá   comezón, sarna
  cátá xaān   da mucho comezón

cata caa   colgar, ahorcar
  cata caa-ró   cuélgalo
  ndíta caa   está colgado

catā   vituperar
  nácatā xaān-dé   él vitupera,
    habla amenazas

cata ñaa   rendirse, sacrificarse
  játa ñaa-de máá-de   se rinde
    a sí mismo

cátachɨ   está loco

catɨ   derramar, tirar, verter
  catɨ-ní-chā   tire el agua
  nɨ jatɨ nducha   el agua se
    derramó

catɨɨn   agarrar

catu   dar palmadas, tortear
  cátu-ña stáā   ella está tor-
    teando
  nɨ cācatu ndáhá-i   dieron
    aplausos

cátúu   está acostado, se acuesta

cavā   hiel

cavā   torcer, dar vueltas a,
  retorcer, amasar

cava   acostarse, tenderse,
    yacer
  cava-ró   acuéstate
  nɨ jungāva-de   se acostó

cáva jáhā inɨ-de   está orgulloso

cáva téyíí-de   está decidido

cáva vāha inɨ-de   tiene buena
  gana o modo, es tan amable

cáxáan   es valiente, está bravo

caxin   estornudar
  cáxin-dé   él estornuda

caxin   mamar
  caxin-í cuní-i   el nene quiere
    mamar
  scáxin-ñá-i   ella amamanta al
    nene
  jáxin-i   el nene mama

caxɨn   apretar, machucar,
    aplastar
  nɨ jaxɨn-de   él lo aplastó

nɨ taxɨn   se aplastó

cáxín   repicar, rechinar, dar
  un sonido sonoro
  cáxín cáa   repica la campana
  scáxín   lo hace repicar

cáxiūcú   están en casa

cāxiuū   a las doce horas, medio
  día

cáxndóho   Jamiltepec, Oaxaca

cayā   ahorrar, acumular, ate-
    sorar
  nɨ cayā-de xūhún   ahorró el
    dinero

cayu   toser
  cáyu-í   el niño tose

cayū   quemarse
  cayú   está quemando

co   pero, mas

cócó   tragar
  nɨ cócó-i cuahān   él lo tragó

cōco   enmontarse
  nɨ cōco   se enmontó

cócon   grueso, espeso
  cócon sahma   la manta es
    gruesa
  cócon sōho-i   aprende lento

cocon   matorral, maleza, monte
  espeso o muy frondoso

cocon   prender fuego

cocōn   vaciar, verter, derramar
  yáha-ni cocōn-rō   aquí va-
    cíalo
  jocón-de nducha   vacía el
    agua

cóhló   guajolote

cóhló

cóhndó sapo

cohŏ trastes, plato

cohŏ cúũ incensario

cohŏ yúũ molcajete

cóhó muy abierto, con forma de
    un vaso, circular y redondo
  cóhó ní sáha-de nduchi-dé
    abrió bien los ojos
  ndéhē cóhó-de está gritando
    fuerte

coho beber, tomar una bebida
  coho-ró tómalo, bébelo
  scóho dar de beber
  jíhi-de él bebe

cohyŏ junco, planta que crece
    en terreno pantanoso

condē hasta

coo haber; ser
  nŕ ŕo había
  íó hay

coŏ culebra, serpiente; gusano
  coŏ ñáhna sanguijuela
  coŏ ndŕquín caracol
  coŏ tēhyú crótalo
  coŏ cáá víbora

coŏ cáá

coŏ yúchí lagarto

coŏ yũú íchí canícula

coŏ yũú sáú canícula temporal

coo linea, raya, tira

coo yúũ camellones de piedras

cóó redondo y largo como un
    palo
  yunu cóó palo de corral

cŏo sentarse
  cŏo-ró siéntate

cosŏ rociar, lavar el nixtamal
  josó yúyú echa (el agua) en
    gotas

coso montar, estar encima de;
    flotar
  coso-ná-tŕ voy a montar el
    animal
  yóso-dé-tŕ él monta el caba-
    llo
  yóso nínu flota en el agua
  tūhun yóso yúhu fingimiento
  coso chuquí ndɨvŕ la gallina
    va a empollar

coso lihli grillo

cotŏ apedrear
  mā cotó-ró yúũ no tires
    piedras
  nŕ cājotŏ-i yuũ los niños
    tiraron piedras

coto cuidar, mirar
  coto-ró máá-ró ¡ten cuidado!
  coto nchaā examinar, probar
  coto ndáhú tener cuidado de,
    tener misericordia
  coto uhũ aborrecer, odiar
  coto yuhu espiar, acechar
  ndíto-i rɨŕ está cuidando a
    los borregos

coyo chorrear, vaciar, escu-
    rrir

cŏyo caer fruta de un árbol,
    caer pelo de la cabeza

cóyó rasguñar, arañar
  nŕ cóyó-de ndaha-dé él se
    rasguñó la mano

cuaa anochecer, obscurecer
  a nŕ cuaa ya se obscureció
  scuáa ponerlo obscuro

cuáá ciego
  chāa cuáá hombre ciego
  nŕ cuu cuáá-de se quedó
    ciego

cuaan madurar, amarillear
  nŕ cuaan nuní se maduró la
    milpa

cuaan comprar
  cuaan-ró cómpralo
  nŕ jaan-de lo compró
  nacuaan-rŕ voy a comprarlo
    de nuevo

cuáán amarillo
  cāa cuáán oro

cáa cuáán es amarillo
itã cuãán flor amarilla

cuaan xicõ oler
jáan-de xicõ lo huele

cuaãn una planta con flores
  amarillas

cuaca frotar; traer
  cuaca-ró nuũ frótalo (con
    ungüento)
  jáca-de lo frota
  ncháca-de ñasĩhĩ tiene esposa,
    él trae su esposa
  jáca-de-ña él la lleva

cuaca nũu inĩ suspirar, gemir

cuacũ reirse
  jacú-i se ríe
  mã cuacú-rõ no te rías
  scuacú hacer reir

cuacũ nchaã burlar, reirse en
  burla

cuacú cuajo

cuãchi pecado, delito
  tũhun cuáchí crimen

cuáchí chiquitos, pedacitos
  sácuáchí despedazar
  sũchí cuáchí los niñitos

cuãha dar
  jáha-de tũhun él da permiso
  nácuãha-de lo devuelva
  cuãha jícá dar fiado o a cré-
    dito
  cuãha núu dar prestado
  cuãha-ná-i voy a pegarle

cuãha hermano de una mujer,
  hermana de un hombre
  cuãha ñáhnu-gã hermano o
    hermana mayor
  cuãha uũ hermanastro o her-
    manastra
  cuãha sẽhe stoõ primo o pri-
    ma

cuahã mucho
  cuahã-tĩ muchos animales

cuahãn irse
  cuahãn-de se fué
  cájahãn-de se fueron
  cuãhán ¡vaya! ¡vete!
  cuáquĩhin vaya a traer

cuãnohon regresar
  nĩ jahãn-de icu él fué ayer

cuahnu crecer
  cuãcuahnu está creciendo
  nĩ jahnu creció
  scuáhnu criar
  nacuahnu sava yoõ luna cre-
    ciente

cuáhñã ahorcado
  nĩ cuahñã fué ahorcado
  scuáhñã ahorcar

cualiá comadre

cualõ heces

cuãnacãcha se fué a lavar

cuãnacahãn se fué a hablar

cuãnandúcú se fué a buscar

cuãnaquĩhin se fué a traer

cuãnasáha se fué a rehacerlo

cuanchaã quitar
  jánchaã-de lo quita

cuandahũ alucinación, ilusión;
  sombra

cuandatũ obedecer, creer
  jándatũ-i él obedece

cuandéé inĩ tener confianza,
  aguantar

cuãndĩhĩ está acabándose

cuanducha ser bautizado
  scuánducha bautizar

cuãnduvãha está mejorándose

cuángó chueco, torcido

cuángoyo váyanse

cuãnohon regresó a su casa

cuãnohõn regresó al lugar de
  donde vino

cuáñu ardilla

cuáñu

7

cuañū pisar, pisotear, patear, hollar
  janú-i siquī lo está pisando u hollando

cuáñú puntiagudo, afilado

cuañūhún tumor, úlcera

cuáñúhún infectado, ulcerado

cuasūhú se ciega los ojos

cuāsun persona envidiosa

cuásún iní envidioso

cuatáhan pelear
  cájatáhan-de están peleando
  quicuātáhan-rī jíín-de voy a pelear con él

cuatáhú aceptar, recibir
  cuatáhú-ró recíbelo
  nī jatáhú-de lo recibió

cuatíñu servir, emplear

cuatūhun permitir
  játūhun-de él lo permite

cuatúhún consentir
  játúhún-de él consiente

cuatuní persignarse
  cuatuní-ña cúñu ella raciona la carne

cuāxin apretar, clavar, sobar
  jáxin-de ndūyu cāa él clava

cuāxin nuū agacharse, inclinarse
  nī jāxin-de nuū-dé él se agachó

cuayo basura, desperdicios

cuayú caballo

cucā peine

cúcá rico

cucā nuū tener vergüenza

cucú calostro, meconio

cúcu tortolita, ave

cucuáchí iní estar de mal humor

cucuáhá ponerse rojo

cucuásún iní ser envidioso

cucuéé-ni así así, sin novedad

cucueē tardar, dilatarse

cucuíhā inī estar triste

cucútu estar seguro, adornado

cucúxí ser flojo, perezoso

cuchacū vivir

cucháhán ponerse sucio

cuchahmā recibir un regalo (apodo)

cucháhmá estar esponjoso

cuchí marrano, cochino, cuchí

cuchí

cuchí yúcú jabalí

cuchi bañarse; masticar, mascar
  jíchi-rī me baño
  scúchi bañar a alguien
  jíchi-i ndoō está mascando caña
  cuácuchi-ró véte a bañarte

cūchi madurar, sazonar
  nī jīchi ndehē la fruta maduró
  cueé te cūchi ndehē la fruta madurará despacito

cuchī tener sed
  jichí-rī nducha tengo sed
  cuchī-rō ndúcha vas a tener sed

cuchítú estar lleno

cuéé despacio

cueē tardío

cuehē enfermedad
  cuehē ánduū muina, ictericia
  cuehē cáyu tosferina
  cuehē ndácu el nahual
  cuehē ndīhyi xáá sarampión
  cuehē ndīhyi téhyú viruelas

cuehē nɼ yúhú el espanto
cuehē nuū enfermedad de ojos
cuehē ñíhin enfermedad de
   temascal
cuehē quɼji calentura
cuehē sajin disentería
cuehē sāyú catarro
cuehē tɨnúu mal de ojo

cuéni de una vez

cueté cohete

cūha medida, grado, calidad

cuhlu terrón, bulto, manco

cuhnɼ amarrar
  júhnɼ-de lo amarra
  cuhnɼ vāha-ró amárralo bien

cuhni exprimir
  júhni-i lo exprime
  cuhnɼ-ró sahma exprime la
   ropa

cuhū estar enfermo

cuhū hermana (de una mujer)

cuhū matorral, zarzal, espesura

cuhu frotar, sobar, untar
  jɨhi-dé-i él le unta

cuhun contener, vestirse,
   ponerse
  ñúhun-ña xóo ella trae falda

cuiā año
  cuiā jáá el año nuevo
  cuiā-ún hace dos años

cuícó girar, revolver

cuícó cáva regresar

cuícó ndúū cercar, circundar

cuichā dispersar
  nɼ jichā cuahān se dispersó

cuichɼ tener sed
  jichí-rɼ nducha tengo sed

cuíhā mezquino, miserable,
   malo

cuíhā inɼ triste, medroso

cuihān ladrar, sullar
  jɨhān-tɼ el animal ladra

cuihnā diablo

cuíhná rapáz, ladronamente

cuihñɼ rajadura, crujido

cuii despellejarse, pelarse

cuii follaje, frondosidad

cuíí aguado, claro (líquidos)

cuíi verde

cuíjín blanco

cuíngó torcido, chueco

cuinu tiritar

cuinu persona aparentemente
   sana

cuiñi hinchazón
  nɼ chuhun cuiñi tiene hinchazón

cuiñɼ tigre

cuíñí celoso

cuiñɼ pararse, estar de pie,
   estar
  nducuiñɼ-rō levántate
  cáhɼɨn-de yúan allí estàn
   ellos

cuiquɨn arraigar, pegarse
  nɼ jiquɨn ya se pegó
  nɼ nacuiquɨn se arraigó

cuisō hervir agua
  nɼ jisō lacuā nducha el agua
   hirvió y salpicó

cuɼso punzar, picar

cuɨtá cansarse

cuita caa colgar

cuítú iní estar ansioso, anhelar
  jítú iní-de él está ansioso

cuɨtí corto

cuɨti absolutamente
  jā ndáā cuɨti es verdad
  tú cuɨti absolutamente nada

cujaā ir, llegar

cújí herir con los cuernos,
   cornear, punzar

cujícá irse lejos

cúlí una especie de flor

cúlí, tɨxindá   sanate (un pájaro azul)

cumanɨ   carecer, necesitar, faltar

cumanɨ inɨ́   amar

cunáhán   recordar

cunãmá   vestirse
cúnãmá-ña xóo-ña   ella se pone su falda

cunání   ser nombrado

cunchaã   estar, estar presente

cunchaã nuũ   notar bien a una persona; censurar

cunchaca   traer, llevar

cunchaca   raerse, rasparse

cunchacũ   llevar joyas, ponerse collar

cunchũcú   estar presente, estar juntos

cundaã   estar arreglado, resuelto

cundáhá   cargar en la mano

cundáhú   empobrecer

cundáhú inɨ   amar, tener misericordia

cundasũ   estar cerrado, cubierto

cundasũn   estar a punto de madurar

cundatu   esperar
ndátu-i   está esperando

cundee   estar en un lugar
cándee-i yúan   allí está él

cundéé   ganar, salir bien

cundichɨ   estar parado, estar puesto

cundihɨ   estar molido, polverizado

cundihũ   estar cerrado, encerrado

cundiɨ   estar en pie
cándiɨ jícá-de   él está parado lejos

cundii   ponerse rebozo o cobija
ndíi-de tɨcãchi   él se tapa con sarape

cundijĩn   amanecer

cundiquĩn   seguir, estar atado
nɨ ndiquĩn-tɨ ruũ   el animal me siguió

cundiso   cargar, llevar

cundito   cuidar, proteger

cunenẽ   cerrar los ojos

cuni   anoche

cunɨ   querer, desear
tú cuní-de   él no quiere

cunɨ   ver, saber, conocer
tú jiní-rɨ   no sé

cuni   oir, comprender
cuni sõho-ró   escuchas
jíni náhín-de   él escucha con silencio
nɨ jini tũhun-ña   ella oyó las palabras

cunɨhin   estar firme, estar seguro

cunu   correr
scúnu   hacerlo correr
jínu-i   está corriendo

cunu   tejer, tramar
cúnu-de   él está tejiendo
cunu yátá   telar

cúnu-ña

cunu nchaã   abrazar

cúnú   hondo

cunu véhe   lo largo de la casa, tirante

cunúu   en un ratito, en un momento

cunúú ser primero, ser el más
   importante

cuña abrir
   nſ juña-de él lo abrió

cuña cáhnu inſ perdonar a alguien

cuñaa obscurecer, anochecer

cuñáá inſ turbarse, estar en
   duda

cuñáá xinſ ponerse loco, tonto,
   trastornado

cuñãhán inſ ser tímido, tener
   vergüenza

cuñáhnu ser poderoso, digno,
   una gran persona

cuñángá entretenerse

cuñavãha poseer, tener

cũñu carne

cuñũhmá estar humoso, ahuma-
   do

curxiucũ escorpión

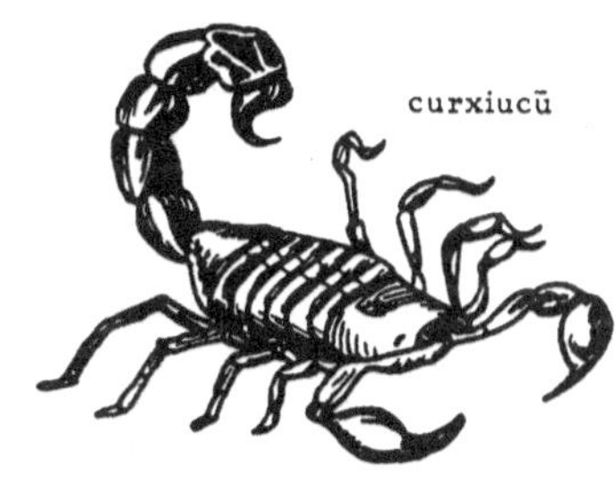

cusámá comer al medio día

cusíquɨ jugar
   ísɨquɨ-i está jugando

cusũ dormir
   quixí-i duerme

cusúcun estar envuelto

cutahũ recibir gratituamente
   cútahũ-rí nuũ-rõ gracias

cutéñu estar ocupado

cutóõ capote

cutũ nariz

cutu arar
   jítu-de él ara

cútú lleno

cútu seguro, firme, adornado

cutũha estar educado; listo

cutuní inſ-yõ estar seguro
   tú cútuní inſ-rſ no sé como
   saldrá, no estoy seguro

cutútú estar juntos, juntarse

cutúu acostarse

cuu poder, ser
   mã cúu no se puede
   cuu quihĩn-yõ podemos ir

cuũ morir
   nſ jihſ se murió

cuu inſ-yõ desear, querer,
   anticipar

cuũn cuatro

cuũn xúhún cincuenta centavos,
   cuatro reales

cuun golpear, pegar; bajar,
   llover
   cúun saũ está lloviendo
   scúun hacerlo bajar

cuvaã alborotar

cúxí perezoso, flojo

cũxi mohecer, descomponer
   (comida)

cuxíí ponerse flaco

cuxíí iní-yo desanimarse, ponerse triste

cuxíni cenar

cuxio apartarse, quitarse

cuxiũcú estar presente (un
   grupo)

cuxndíí poner encima de

cuxnúú ir adelante, ir primero

cuxquĩhvſ obscurecer, cegar

cuyaa estar pálido, blanco

cuyani acercar

cuyúnú ponerse tieso

CH

chāa hombre
  chāa cúñáhnu autoridad
  chāa cháa tutū escritor
  chāa jáhni ndíyi asesino
  chāa jícá extranjero
  chāa ndíso tíñu presidente
  chāa ñáhnu anciano
  chāa súchí joven
  chāa táná médico

chāa

chaa escribir, tocar, poner, fumar
  cháa-de inu él fuma
  nĭ chaa-de tutū él escribió

chāa-i tutū

chaa inĭ decidir, determinar
chaā venir
  nĭ chaā coyo-de ellos vinieron

chaān la frente
chácá pescado
  chácá jinú pescado al horno
  chácá ñiĭ pescado salado

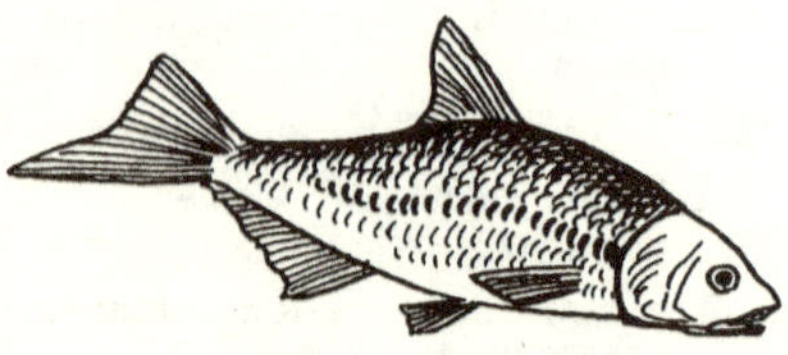

chácá

chacú viviente, vivo
  chacú-de él vive
chahā bule
chahān mugre, sucio
cháhán feo, sucio, mugriento
cháhān-gā todavía no
chahmā aplastarse, quebrarse
chahmā pulmón, pulmones
cháhmá esponjoso, esponjado
chahmā (tĭchahmā) capullo de gusano (apodo)
chāhu pagar
chāhú (tɨyāhú) liendres
chali mechuda, desmelenar
changɨ mechuda, despeinada, desgreñada
chāni (tɨjāni) nieto, nieta
chaquí chivos
cháquí abigarrado, de distintos colores, matisado
chara despeluzar, erizar
  triú chara trigo largo
charpí charpa, honda
chaxio quitar, remover
chelu becerro
chesó bonito, fino
chete itú cabello de mazorca
chicuāhá medir, pesar

12

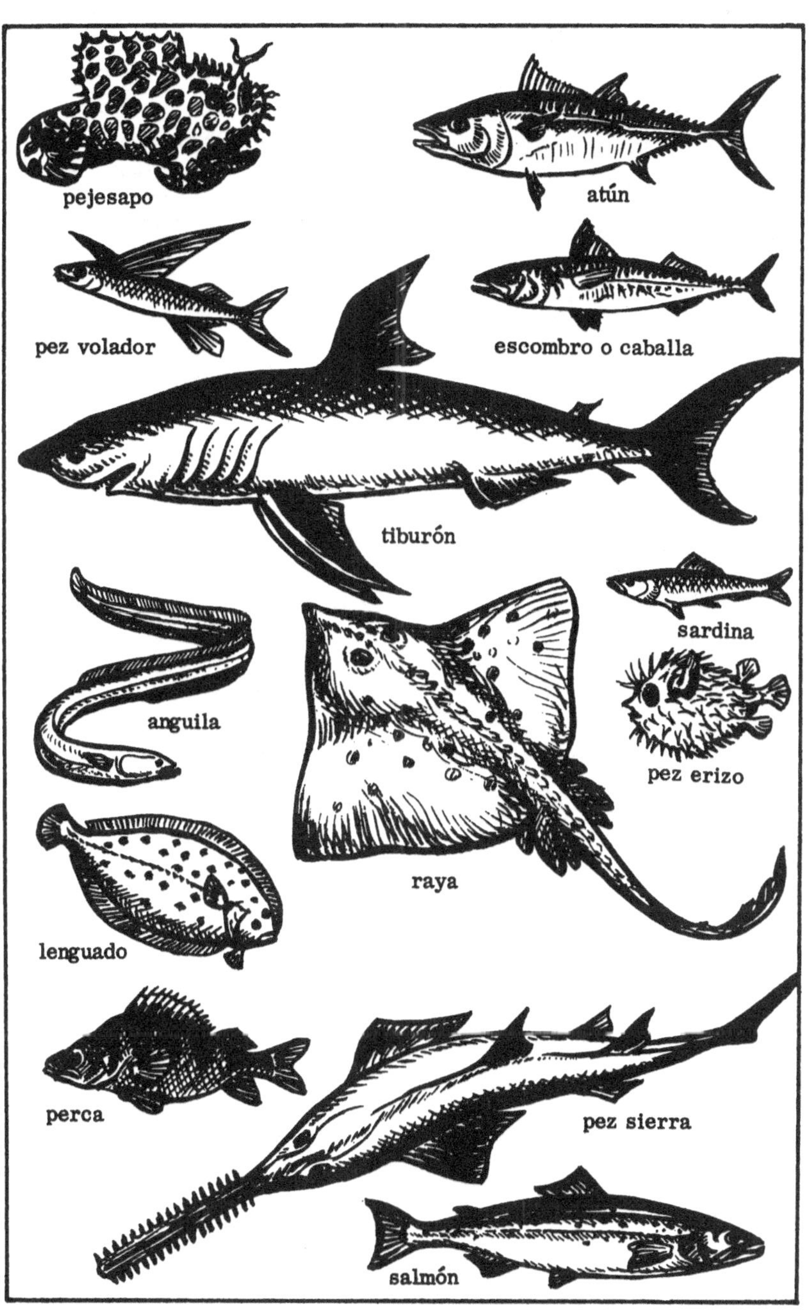

pejesapo
atún
pez volador
escombro o caballa
tiburón
sardina
anguila
pez erizo
raya
lenguado
perca
pez sierra
salmón

chicha   callo, ampolla; nudo de la madera
  chicha cává   ocote

chichā véhe   dintel

chichi   mamar; ampollarse

chihi   sembrar; punzar, picar; cocer
  nꞁ chihi-de itū   él sembró la milpa

chīhi-de nuní

chihi   ungir, untar
  jíhi-dé-i   él le unta

chīꞁhín (tiꞁꞁhín)   zorrillo, mofeta

chīꞁhló   granada

chihlu   terrón, bollo, protuberancia

chihndū   bellota (de la encina)

chīi   adentro, abajo de, en; estómago
  semaná chīi   la semana pasada
  chīi-yó   estómago

chílo (tɨchío)   casco, tiesto, tepalcate

chindaji   mojar

chindee   poner, meter

chindéé   ayudar

chindiquīn   perseguir

chindíquí   cornear, herir con los cuernos, embestir

chindúchá   empapar, remojar

chindūji   enterrar, sepultar

chinduū   fajar, empañar, envolver

chingɨ   rizarse

chīꞁnu   tímido, penoso

chiñúhún   adorar, reverenciar

chisāhí   esconder

chīꞁso nducū   carga de leña

chīꞁsó   cuñado, cuñada
  táā chīꞁsó   suegro
  náā chīꞁsó   suegra

chísó   añadir, aumentar

chísó túhun   dar respuesta, prometer

chisúcun   enrollar, envolver

chitéhé   pellizcar, repizcar

chitō   diariamente, con regularidad

chítú   lleno

chitútú   registrar el casamiento

chítuu   apoyar, reforzar

chivāha   guardar, preservar

chivíló   lagartija

chixehē   sobaco, áxila

chixéhé   llevar una cosa abajo del brazo

chixīhú   traspalar, sacar con pala o cuchara

chiyɨꞁ   cucharillo (planta)

chiyócó   saturar con vapor, someter a la acción del vapor

chiyúhú   morder, picar, llevar en la boca

chiyūji   enterrar

chihvɨꞁ (nachihvɨꞁ)   enjuagar

chīɨquí   tuna

chócó   hormiga
  chócó ndáhā   cienpies
  chócó rérā   arriera

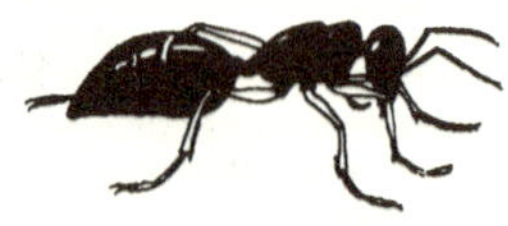

chócó

chóhŏ ¡vámonos!

chŏhó (tɨyŏhó) pulgas

chohŏ cocer, hervir

chohŏ hombro

chucu (tɨyucu) piojos

chucu rɨ́ɨ garrapata

chúcú poner, colocar

chúcún (tɨyúcún) moscas

chuhun poner

chuhun íchí encaminar, acompañar en el camino, dirigir

chuhun inɨ-yŏ tener en cuenta, escuchar, creer, dar atención

chujíquí apuñear, dar puñetazos

chunáa repagar, restituir, redimir

chundáhá enviar

chundéé iní atreverse, osar

chuñŭ orín, óxido, sarro

chuquí gallina

chusāma endozar, construir entrelazado

chutáhan construir, juntar

chŭún gallinas, pollos

chŭún xíni estrellas, luceros

chúxa (tɨyúxa) arácnido

chuxɨ (tɨyuxɨ) llovizna

chúxɨ lloviznoso

D

-de él
máá-de jínáhan-de ellos

I

-i Pronombre: niño, persona, gente

íá ágria

icu ayer

icu ñúŭ anteayer

ichā zacate, hierba, pasto

ichi camino, vereda, dirección
ichi chíi por abajo
ichi iní adentro
ichi ndácu adelante
ichi yátá atrás

ichɨ secarse, marchitarse
nahichɨ resecarse

íchí seco, árido

ihā dios, deidad, ser divino

iɨ delicado; sagrado; automático

íin está parado, está

inā perro

inā ndúchá nutria

inā tɨcuehē perro rabioso

ínchaā está

índee está

índichɨ está parado

ini atardecer

inɨ adentro, en

inɨ jáhān apesta, hede

inu cigarro

íñaa está oscuro

iñŭ seis
iñŭ xŭhún setenta y cinco centavos, seis reales

iñu abrojos, espinas
iñu quɨmí cardos

íñú espinoso

iñŭ nieve, escarcha

ɨo temeroso

íó hay
coo haber

ísā pasado mañana

isā urdimbre

isa elotillo, jilote

isa ndíquín rejilote

ísāhí escondido

ísíqui juega
  cusíqui jugar

isō conejo

isō

isō yūú procesionaria

isu venado

isun descuidadoso, negligente

ísúcun envuelto
  cusúcun envolver

ita deshilar, desenredar

itā flor
  itā cuāhá geranio, malvón
  itā jīhí flor de frijolón
  itā limbéē dalia
  itā nchacā orquidea
  itā ndeyū orquidea
  itā ñuhūn flor de nochebuena
  itā sāá siempreviva
  itā xīin pericón
  itā xīmú flor de magueyito
  itā yisi toronjil

itū milpa, campo

ítúu acostado
  cutúu acostarse

íú vacío

ixi cabello, lana, peluza
  ixi ndúchi-yo pestañas
  ixi ríí lana
  ixi xiní pelo, cabello
  ixi yúhu barba, bigote

íxí peludo, velludo

íxnúú va adelante
  cuxnúú ir adelante

†

iin uno
  iin-nā uno más
  iin iin uno por uno
  ni iin ni uno
  iin-ni solamente uno
  iin núú igual

iīn nueve

ingā otro

ingā jínu otra vez

J

jaā llegar, ir
  nī jaā coyo-de ellos llegaron

jaa brotar
  nī jaa itā brotó la flor

jaa en voz alta
  cáhān jaa-de habla en voz
  alta

jáá nuevo

jáan lo compra
  cuaan comprar

jáan xicō huele
  cuaan xicō oler

jáca lo trae, lo frota
  cuaca traer; frotar

jacá nūu inī suspira, gime

jāco tlacuache

jāco íñú puerco espín

jácó feo, descompuesto (comida)

jācú corral

jacú se ríe

jahā pie, fondo

jáhá en pie, con pie
  jíca jáhá-i va en pie
  ñúu jáhá-tí la gallina escarba

jāha traspasar, pasar

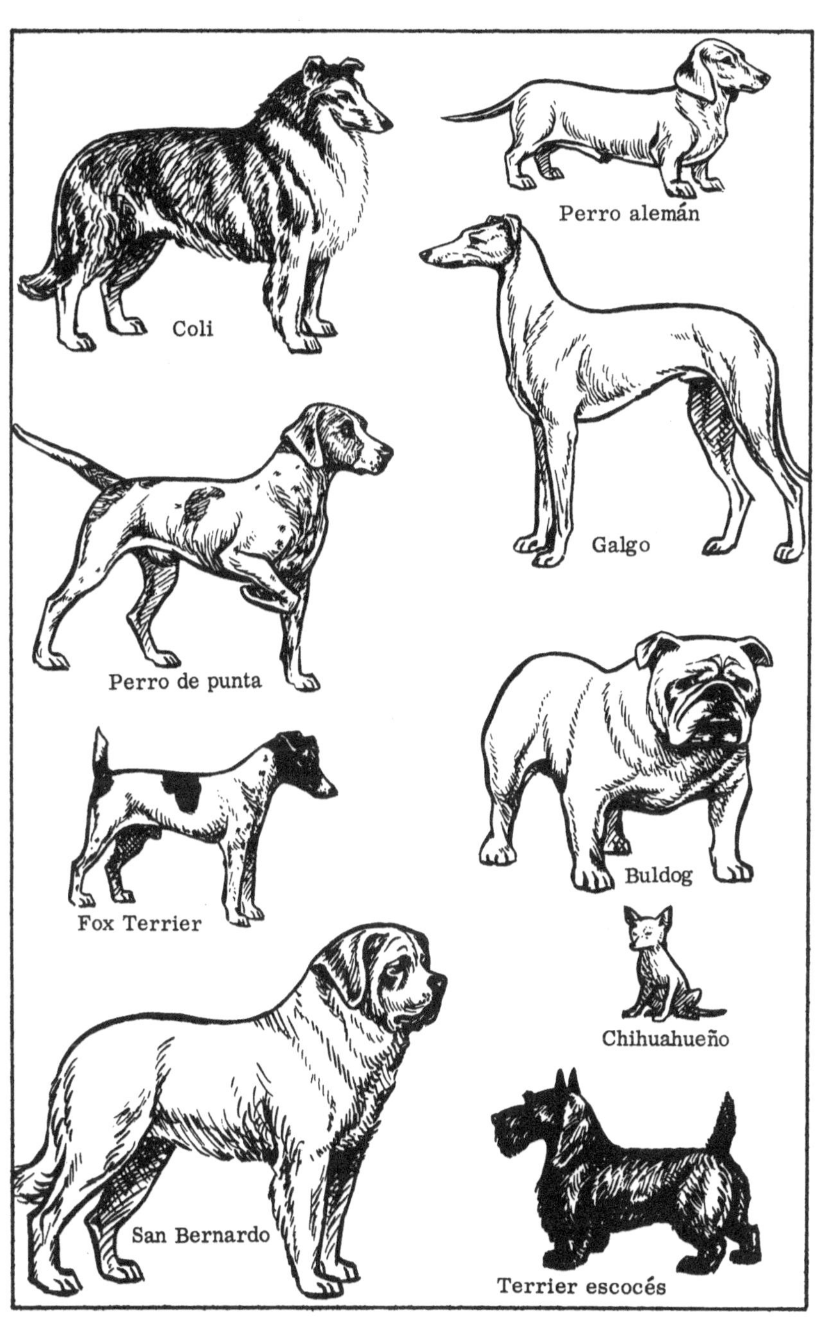

Coli
Perro alemán
Galgo
Perro de punta
Buldog
Fox Terrier
Chihuahueño
San Bernardo
Terrier escocés

jahā escarchar, descolorarse
  jahā itū helar
jáha da, dando
jáhā inī orgulloso
jāhan abono, estiércol
jáhán abonado
jáhān va, se va
jáhān xicō huele
jáhmu quema, quemando
jáhnchā corta
jáhnchā inī tiene dolor del estómago
jahndū tallo, vástago
jáhni mata, matando
jáhnū quiebra, quebrando
jáhnu crece, creciendo
jāhú diablo
jánchaā quita, quitando
jándatū obedece
jándéé iní se aguanta
jándēhé va a ver
jándúcú va a buscar
jánducha se bautiza
jāni ensueño, sueño
jānī soñar, ver en sueños
jáni lo pone
jáni inī-de él piensa
jáni ndee-de lo pone al revés
janú lo gasta
janū cajón, ataúd
jaquín lo extiende, riega
jasí inī se desayuna
jasú lo cierra
játa caa lo cuelga
jatahān suceder, ajustar,
  acomodar
játahān inī le gusta
játáhan pelea, peleando

játáhú lo acepta
játíñu lo usa, sirve
játɨ derrama
jatū doler
játūhun permite
játúhún cree, consiente
játuní se persigna
jáxin se agacha
jáxin mama
jaxín lo aplasta
jēhñu coronilla
jiā agriarse
jiān ése
jíán puro, no mezclado
jíca anda, va
jīca canasta
jícá lejos; ajeno
jicā lado; pared; pecho
jíca vez, veces
  uū jíca dos veces
jicán lo pide
  jicán tūhún-i él pregunta
  jicán táhū-i él ora
jícó gira; revuelva; da vueltas
jícu está
jichá ancho
jichá nūu esparce
jīchi zanja, trinchera
  jīchi xinī partido del pelo
jichí tiene sed
jīchi se baña
jīchi se madura
jíhān ladra, aulla
jíhi bebe, toma
jíhi lo unge
jíhī muere
jihī hongos
jīhin rezumarse, dejar escapar el agua, gotear

jīho especias, condimentos

jīhó desear con antojo

jihvā glotón

jīhvá goloso

jíín con, y

jinā ñíhin duende del temascal

jínáhan todos

jiní ve, sabe

jiní tuní entendimiento, la
    mente

jíni entiende, oye
  jíni sōho-de él oye

jīhu terminarse, acabarse

jínu vez, veces
  unī jínu tres veces

jinu laxo, flojo

jinū desembarcar, posar

jinū horno

jínú hornada, asado

jínu ñúhún es necesario

jíñúhún con respeto, honrado

jiō comal

jiō hilar

jīó cáni voltear

jīó cáva volverse, regresar

jiquī esquina

jīquí puño, puñetazo

jiquín arraiga, arrastra

jíso lo punza, lo pica

jisó hierve, hirviendo

jíta canta

jīta gastarse, consumirse

jítí iní está ansioso, preocu-
    pado, apurado

jīto cama, estante

jíto mira, ve
  jíto nchaā lo prueba
  jíto uhū lo aborrece
  jíto yuhu le espia

jitohō dueño, jefe, amo

jítu arando

jítú iní está ansioso, apurado

jɨtɨ entrañas; la parte central
    del fruto, semillas

jɨtɨ cōhó ombligo

jocón lo echa, lo vacía
  cocōn vaciar

jócon lo enciende
  cocon encender

joscó bonito

jósō hoz

jotó apedrea
  cotō apedrear

jucūhun inī comprender, enten-
    der

jucuiñī cesar, parar, ponerse
    en pie

jucuiñī jɨtɨ arrodillarse

jucuīta ndee encorvarse, incli-
    narse

júhni lo aprieta, lo exprime

júhnī lo amarra

jungāva acostarse

jungava caerse

jungōo sentarse, embarcarse

jungoyo caerse, ir

júnu nchaā le abraza

júña lo abre

juquīhvɨ vestirse, ponerse ropa

L

lacua pus

lacuā con ebullición, hervor;
    herviendo

lácuá   aguado

lahlā   paladar

láhʊ   huérfano

láhú   sin parientes

láhuun   persona floja, zángango

láján   chachalaca

lamú   amo, jefe

lanchi   borregos

lanchu   jacalito

lasú   trenzas (pelo)

lasʊn   quebradizo, frágil

latú   arado

latu   gris, mugre, cachaza

lélú   borreguito, cordero

lélú

letu   capote hecho de palma

liá   obsidiana

lîhli   muescas, el cuello (de botellas o palos)

lîhlí   con forma de un cuello

lîhli   gallo

lîhli

lihlī   profusamente, pródigamente (gotear)

lili   tieso, duro, firme

limbéē   dalia, límper

língo   colgante en el aire

listrîhī   gavilucho

lîsuhma   alacrán

lisúhú   insecto del agua; renacuajo

lítú   cabrito

lîhvi   tórtola

lîhvi

lîhví   viscoso, resbaloso

lîhvī   sin pelo y sin dientes

lîi   desnudo, liso
    víchí lîi—i   está desnudo

locō   la cabeza del hongo

lohlo   las máscaras, los mascarotes

lohlō   sin dientes

loo   sin cuernos, o sin hojas

lósó   maguey cocido en olla

lúchi   oscuro, negro

luhlu   yema de la flor, pedículo

luhʊ   crujir, cascar

lúhú   crujido, estallido

lúlú   nene

lúsu   perrito

lʊtú jihī   botón de hongo

luu   bonito, bello

M

mā   una negativa
    mā cúu   no se puede

máá   aquel, él mismo
máá-de   él
máá-i   ellos, ellas, él, ella
máá-ná   yo
máá-ní   usted
máá-ña   ella
máá-rí   yo (familiar)
máá-ró   tú
máá-tí   el animal
máá-yá   Dios
máá-yó   nosotros
máhān   mapache

máhān

māhñú   entre
máni   solamente
manī   amar
mbáā   compadre
mecu   gris
meque xiní   cerebro
meque yíqui   tuétano
merquexē   higuera
mīhín   pizca, motita, polvo
míhín   exacto, en punto
   cāhuū mīhín   son las dos en
      punto
mīhi   laguna, lago
mítú   cervato, venadito

N

nā   que, cual
   nā quivī cúu   ¿cual día es?
ná   cuando, en aquel tiempo
   ná lúlí-de   cuando él era chi-
      co
náá   yo
   nī sáha-ná   yo lo hice
náā   mamá, madre
   náā chīsó   suegra
   náā uū   madrastra
naa   perderse
   xnáa   hacer perder
naa iní-yō   olvidarse
nacaā   estirarse otra vez,
   extenderse otra vez
nacāan   reacostumbrarse
nacaca   andar otra vez
nacacu   renacer
nacācu   escapar otra vez
nacachā   echar otra vez
nacācha   relavar
nacacha   recavar
nacahān   hablar otra vez
nacahi   repintar
nacahu   recontar
nacajī   revituperar
nacāji   escoger, reeligir
nacana jaa   aclamar otra vez
nacani inī-yō   arrepentirse
nacani tūhun   relatar
nacanū   desbaratar, derribar
nacañā   enredarse otra vez
nacasū   cerrar otra vez
nacatā   mofarse otra vez
nacatu   retortear, reaplaudir
nacōcon   enmontarse otra vez

nacuaan recomprar, redimir

nacuaca traer otra vez

nacuäha devolverlo

nacuäha xinℸ registrarse, empadronarse

nacuahä-tℸ yúhu-tℸ relamer

nacuahnu recrecer

nacuanℸ guiñar

nacuatáhú despedirse, dar gracias otra vez

nacuatu rezar, discantar

nacuayúhú reconfesar

nacuiquℸn arraigar

nacunáa estar restituido

nacunání estar renombrado

nacunℸ reconocer

nacuña reabrir

nacuxndíi recondenar

nachacü revivir

nachii respigar

náchℸsó suegra

nachℸhvℸ reenjuagar

nachuhun transplantar, remendar, reponer

náhán recordar

náhán por largo tiempo

nahan véhe carrizo, vara

nahichℸ resecarse

náhín quedito, silencioso

náhín sin duda, por fin, de todos modos
    quii náhín-de él vendrá sin duda

nahita deshilarse

nahmä confesar, recitar el catecismo

nahma ronco
    cáhän nahma-ná mi voz es ronca

náhnu grande

nahñä una lagartija, higuanilla

najä ¿por qué?

najaä llegar otra vez, regresar

najℸhi emborracharse otra vez

najℸhu terminar otra vez

najinü desembarcarse otra vez

najℸta ser gastado o disipado otra vez

namä jabón

námá espumoso, jabonoso; frondoso; favorable

namä pared

nama salvar, rescatar

nämä ¿cuándo? ¿cuál día?
    nämä nóhön-ní ¿cuándo va a regresar?

naná señora, mujer, mamá

naná ñúü abuela, abuelita

naná ñúü súcá tatarabuela, bisabuela

nana brotar, apuntar, salir

nana cühun inℸ regoldar, eructar, regurjitar

nandacän pedir otra vez

nandáhá relavar los manos

nandajℸ descoserse, desatarse

nandaquℸn yuchℸ afilar cuchillo

nandeyü relampaguear, resplandecer

nandii brillar otra vez

nandℸhℸ tener necesidad

nandℸquℸ erizar

nandℸyℸ encogerse, contraerse

nanduxiä abrasar

náni largo

nání ser nombrado

näni cualquiera

nanihℸn encontrar otra vez

nanihɨn táhan jíín vengar, vin-
dicar

nanuu rebajar, disminuirse

nanuu táhan abrazar

naña chayote

nañuu aporcar; menear

naquetáhan reunirse con

naquɨcu recoser

naquihin volver a tomar, recoger

naquiti nuū relavar la cara

nāsaa cuánto, cuántos

nasaca distribuirlo otra vez

nasáha rehacer

nasájáá renovar, rehacerlo
nuevo

nasáluu embellecer otra vez

nasama recambiar, cambiar

nasāma recambiarse

nasāna perderse otra vez

nasándoo relimpiar

nasándóó enderezarlo otra vez,
rehacerlo recto

nasávāha reparar

nascáā extender otra vez

nascáa levantar otra vez

nascáca reactivar, hacer andar
otra vez

nascuáa yóō luna menguante

nascuáhnu recriar

naschacú resucitar

nasīhíta deshilar otra vez

nasíyúhú espantar o asustar
otra vez

nastáa jalar de nuevo, barrer

nastáhān ñuhūn reencender fuego

nastútú rejuntar

nastúu revelar, manifestar

nasūú no es; incorrecto

nasuvixí recalentar

natacā reunirse, rejuntarse

natáhú rearar; requebrar

natahū nuū despertarse

natandaha casarse de nuevo

natehndē romperse otra vez

natehndē sava yoō media luna

natuhū inɾ cambiar de opinión,
cambiar de pensamiento

nátūhun como, en esta manera

natūu ser revelado, ser manifestado, mostrarse

natuu volver a rodar

natuu ñuhūn volver a encender
fuego

nāún ¿qué?

návāha para que

návelá abuela

naxɾcó revender

naxiɾ marchitarse, resecarse
(plantas)

naxíó cáva regresar, dar vuelta

nayūhú escandalizarse, atemori-
zarse

nayuu-tɾ lamer

nchaā llegar de nuevo
  icu nɾ nchaā-de él llegó ayer

ncháá cuesta, está, vive
  ncháá jícá-de él vive a lo
    lejos
  ndénū ncháá-ró ¿a dónde
    vives?
  nāsaa ncháá ¿cuánto cuesta?

ncháá azul
  sahma ncháá ropa azul

nchacā pegamento

ncháca todo el día

ncháca traer otra persona,
  llevar en compañía con

nchaha rastrero

nɨ jica nchaha   se esparció, se arrastró

nɨ quee nchaha   derrumbó, hizo derrumbe

ncháhu inɨ   maldispuesto; de mala gana

ncháhu-ni   esparcido, a grandes trechos, no densamente

nchátíñu-de   él está encargado

nchāu   abrojos, espinas, ortigas

ndaā   fibra
ndaā yáu   ixtle
ndaā ndíchi   hebra de ejote

ndaa   ascenderse, subirse
xndáa   hacerlo subir

ndaā   verdad, verdadero

ndáá   puro, sin mezcla, completamente
cūñu ndáá   carne macisa

ndaa   un rato, breve tiempo
ɨɨn nú ndaa-ni   un rato
cuu ndaa-gā   en un rato

ndacáa   llave

ndacoto   mirar, mirar por arriba

ndacu   imitar
ndácu-i táā-i   imita a su papá

ndacu inɨ   recordar

ndacu ñihin   invocar

ndacu   próximo, siguiente
chāa ncháá ndacu   vecino
vehe ndacu   la próxima casa

ndācu   escoba

ndācu yíhí   maíz hervido para atole

ndaha   mano, hoja, rama
xinɨ ndáha-yo   dedo
ndaha yúnu   rama
ndaha yóso   metlapil

ndáhá   medida de tres dedos juntos

ndáhá   a mano, por mano
catu ndáhá   dar palmadas
cundáhá   traer en la mano

nandáhá   layar las manos

ndahā   satisfacer, hartar
nɨ ndahā chīi   se hartó, eructó
nɨ ndahā inɨ-de   se apaciguó, quedó contento

ndahɨ   llorar, gritar

ndahndā   chismoso, virote

ndáhú   pobre, humilde

ndahvā   apagar

ndáɨ   áspero

ndajáhā   mensajero, policía

ndáján   sano, fuerte, de buena salud

ndajɨ   desatarse, estar desatado

ndájí   desatar
nɨ ndájí-rí-tɨ   yo desaté el animal

ndāji   mojarse
nɨ ndāji   se mojó
nɨ chindaji-ña   ella lo mojó

ndajīn   barbecho
sāha-de ndajīn   está barbechando

ndanda   cesar de llover; brincar; saltar

ndanu   sana, de buena salud

ndañaa   alzar, levantar

ndañúū   distrito, provincia, barrio

ndaquɨ   áspero, feo, grueso, asperillo
ndaquɨ jíto   es feo y grueso

ndaquɨhvɨ xinɨ   ahogarse, sofocar

ndasa   como

ndásɨ   muchísimo, demasiado

ndásɨ   cosquilloso

ndasú   está cerrado
nɨ ndasū   se cerró

ndasūn   quebradizo, tostado, crujiente
nɨ tahnū ndasūn   se quebró crujido

ndatã   rajarse, resquebrarse

ndátá   rajar, quebrar, resque-
brar

ndatíñu   cosas, bienes, pose-
siones

ndatũ   favorecido, bendecido

ndãtu   esperar
ndátu-i   está esperando
cundatu-ró   espérate

ndatũhún   platicar, conversar

ndaũ   madre para levadura,
origen para pulque

ndava   duro, fuerte, tieso

ndava   brincar
cándava-tɨ   los animales brin-
can

ndãva vehe   horcón (de casa)

ndaváha   mano derecha

ndavésé   mano izquierda

ndayóho   zacate, maloja

ndayóso   metlapil

ndayúnu   hoja o rama del árbol

ndé   cual, quien
ndé chãa   ¿cuál hombre?

ndeã   multiplicarse, aumentarse
xndeá   hacerlo aumentar, multiplicar

ndecãva   circundar, ir por todos
lados

ndecũhun chũún   clueca (gallina)

ndéché   volar
xndéché   hacerlo volar

ndéchi   donde

ndéé   grande, crecido
quɨtɨ ndéé   animal grande
a cuãcundéé-i   el niño ya está
grande

ndee   al revés, patas arriba
cátúu ndée   se acuesta boca
abajo
jíca ndee-i   anda arrastrándose
ndíta ndee   está colgado al
revés

ndee   extenderse, alargarse
xndée   lo extiende

ndẽe   bajarse, ir por abajo

ndehẽ   fruta
nundehẽ   árbol, frutal

ndehẽ tɨtúũn   cereza, capulín

ndehẽ trasnú   durazno

ndehẽ   llorar, chillar

ndéhé   feroz, terrible, espan-
toso, de mala gana

ndẽhé   mirar, ver
ná ndéhé-yó   vamos a ver

ndehyũ   lodo

ndéjã   ¿quién? ¿cuál?

ndejáhá   comenzar, empezar

ndenchaã   reclamar, quitar

ndenchaha   derrumbarse

ndenda   aparecer, salir, reaparecer

ndendáhá   dejar caer de las
manos

ndendoho   colarse, rezumarse,
filtrar

ndendoso   sobrar

ndendúchí   oruga

ndendúú   ambos, los dos

ndénũ   donde

ndenúní   los tres

ndetãtú   descansar

ndeyu   comida

ndeyũ   relampaguear, brillar

ndeyúhú   confesar; soltar
nɨ ndeyúhú-tɨ staã   el perro
soltó la tortilla

ndica   plátano
ndica jáhã   mamey
nundícá   platanal

ndɨcachi   borregos

ndicãndii   sol
ocõ ndicãndii vína   hace
veinte días

ndicō
　náchihi-de ndicō　él aporca

ndico　moler
　ndíco-ña　ella está moliendo

ndíco-ña

ndīco　aliviarse, enfriarse
　nī ndīco nducha　se enfrió el
　agua

ndicóó　lagartijo

ndicuíñi　cacomixtle

ndichā　abundante, sobrante,
　sin límite
　íó ndichā staā　hay tortillas
　sobrantes
　jíca cuu ndichā-nā-de　él es
　libre, anda por dondequiera

ndichā inī-yō　en ayunas, sin
　comer
　quee ndichá-rō　cómelo en
　ayunas
　nī quixī ndichā-de　durmió
　sin comer

ndichī　declive, camino inclina-
　do

ndíchí　sabio

ndīchi　ejote
　ndīchi vītá　ejotes tiernos

ndihī　menudo, pulverizado,
　fino
　xndíhī　pulverizar, moler
　nī cundihī　fué hecho polvo

ndíhí　de color púrpura, morado

ndihū　cerrado, encerrado
　xndíhū　cerrar, encerrar

ndii　venir otra vez

ndii　urdir

ndii ncháā　resplandecer, bri-
　llar

ndíī inī　nostalgia

ndíi-ña pañú-ña　ella se pone
　su rebozo
　cundii-ró tīcāchí　envuélvete
　tu sarape

ndija　sincero, honesto
　á ndija ndaā-ró　¿eres sin-
　cero?

ndijān　huaraches

ndijān

ndījichi　nota de música; rena-
　cuajo (apodo)

ndijīn　ala

ndijīn　visible, claro
　tú ndijīn　no se ve, no es
　visible
　nī cundijīn　amaneció

ndījin　a través, de parte a
　parte
　cātúu ndíjin　está atravesado

ndījinu　Tlaxiaco

ndiñihin　echar afuera

ndiñúchi　cóndor

ndiñúñú　camaleón

ndīñuu　lechuza

ndíó cáni-de tūhun　responder

ndíó cáva　revolver

ndio inī　codiciar

ndiquín-tī　el animal está ama-
　rrado

ndiquín-tī rúū　el animal me si-
　gue

ndíso tíñu-de　él tiene autori-
　dad

ndíso-de　él carga (en la espal-
　da)
　cundiso-ró　llévalo tú

ndíta caa   colgante

ndíta ndee   colgante al revés

ndíta-de ocō pesú   él debe veinte pesos (para cumplir el pago)

ndítɨɨn   pegarse, apoyarse

ndito   despierto, alerta

ndíto ñuhun-i   él lo cuida bien

ndituu   apoyarse, fortalecer

ndivihā   antes, hace un rato

ndivii   todos

ndixɨhú   chivos

ndɨyoho   chupamirto, chupaflor

ndɨyunu   un insecto

ndiyúú   molleja de ave

ndɨcā   abrir la boca, abrir un libro o tela

ndɨcaha   león

ndɨcaha

ndɨcóhndó   sapo

ndɨcuáhyú   langosta

ndɨhɨ   todos, todo

ndɨhɨ   acabarse, terminarse
  xndɨhɨ   acabar, terminar

ndɨhɨ inɨ-yō   respirar con dificultad

ndɨhyi   granos, llagas, úlcera

ndɨhyi téhyú   viruelas

ndɨhyi xáá   sarampión

ndɨɨ   completamente, enteramente

ndɨquɨ   cuernos

ndɨquɨ   erizar
  nɨ ndɨquɨ   se erizó (el pelo)

ndɨquɨhñɨ   una rana

ndɨquɨn   cebollas

ndiquɨn   semillas

ndíquín   de malla
  cosō ndíquín-ní   rocíe usted (las flores)
  sahma ndíquín   malla

ndɨtahān   cada

ndivāha   maldito, perverso

ndɨvɨ   huevos, blanquillos

ndɨvɨ cuāán   yema del blanquillo

ndɨvɨ cutjín   clara del blanquillo

ndɨvɨ   volver a entrar
  xndɨvɨ   hacerlo entrar

ndɨxɨ   elote

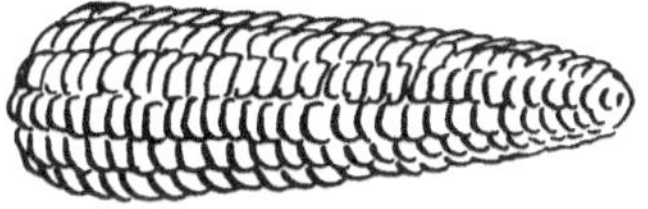

ndɨxɨ

ndíxí   tierno

ndɨxɨ   aguardiente
  ndɨxɨ ndúcha ndóó   tepache de caña
  ndɨxɨ ndúxi yau   pulque

ndɨyi   muerto, cadáver

ndɨyɨ   burla, grosero
  cáhān ndɨyɨ-de   él está burlando

ndɨyɨ   vaporizarse
  xndɨyɨ   saturar con vapor

ndoco   zapote
  ndoco íñú   anona
  ndoco cusún   zapote blanco
  ndoco túún   zapote negro
  ndundócó   zapotal

ndocō ñamā   totomostle

ndocon   detenerse crecer antes de madurarse

ndoho   sufrir
  xndóho   castigar

ndohŏ   tenate

ndŏho   adobe; cordón hecho de ocho o más ramales

ndŏhyo   ciénega, pantano

ndonda   levantarse; quitarse

ndonso   caer en tierra, desplomarse, derribarse

ndóó   recto

ndoo   limpio

ndoo   decolorarse, emblanqueserse

ndoŏ   caña

ndŏo   quedar

ndoo   grande, selecto
  nꞮ cuu ndoo yiquin   se hizo grande la calabaza
  nunꞮ ndóo   maíz grande, maíz florido

ndosŏ   ídolo, una roca que tiene forma de un hombre u otra cosa, figura de falsa deidad

ndoso   pechos

ndoso   dividido en medio
  jáhnu ndoso-dé   lo corta dejando el rastrojo

ndoto   despertarse

ndoyo   aguantarse con una carga

ndŏyo   mojarse

ndóyó   ser robado

ndua   flecha, dardo
  ndua yóŏ   reflejo de la luna

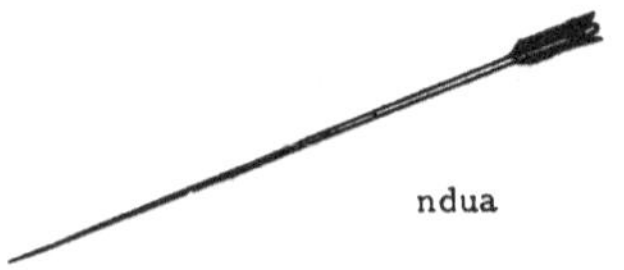

nduã   caerse

nduã   verduras, hierbas
  nduã jatu   berro
  nduã néte   guaje

nducani   levantar, construir

nducŏo   levantarse, despertarse

nducu   leña

ndúcú   buscar

ndúcú ndéé   procurar

ndúcú víí   investigar

nducuiñꞮ   ponerse de pie, pararse

nducun   desabrido

nducun   cochinilla

nducha   agua, líquido

nducha cuꞮjín   pulque

nducha cuíñi   veneno

nducha mínu   caldito de hepazote

nducha núu-yŏ   lágrimas

ndúchá   acuoso, líquido; fino

nduchã   evaporar, desvanecer

nducha   disolverse, fundir (metales)

nducháhá   chilmole

nduchi   frijol
  nduchi lavá   haba
  nduchi ndúu   frijoles pintos
  nduchi tꞮlúú   chícharos
  nduchi vítá   ejotes
  nduchi xáhán   higuerilla

nduchi inꞮ-yŏ   riñones

nduchi núu-yŏ   ojos

nduhã   llano, llanura

nduhã   calentarse, fundirse
  xndúhã   hacerlo hervir, fundir

nduhá   dulce (una bebida)

nduhichꞮ inꞮ   despreciar

nduhu   tronco del árbol, tallo

ndujáá   ponerse nuevo

ndundaā   resolverse

ndundaquɨ   espeluznar

ndundéé iní   animarse

ndundoo   volver a ser limpio

nduñáhnu   engrandecerse

nduñúhún   estar extraviado, faltar

ndusɨ iní   ponerse contento otra vez; estar alegre otra vez

ndusɨn   dividirse; apartarse

ndɨsú   rastrear, seguir la pista a

ndusʉ   voz

ndusʉ yucu   eco

ndutɨ   hacerse apretado, estrecho

ndútú   llenarse

ndutʉ   liquidar; consumir con fuego

ndutútú   reunirse, juntarse

nduʉ   cerca

nduu   reponerse, convertirse en, rehacerse

nduu   cebar, engordarse
  xndúu   engordar

ndúú   los dos, ambos

ndʉu   día

ndúú   de día

nduvaā   alborotar

nduvāha   mejorarse

nduvatʉ inɨ   gozar en perjuicio ajeno

nduvixɨ   recalentarse

nduxā   carbonizar

ndúxɨ   vanidoso, engreído

ndʉxi   miel
  ndʉxi ndoō   cañamiel
  ndʉxi ñuñʉ   miel de abejas
  ndʉxi yau   aguamiel

nduxiā   posole

nduxian   vomitar

nduyaa   ponerse pálido

ndʉyu   estaca

ndʉyu cāa   clavos

nehnē   ahogarse, estrangularse

nenē   siempre, habitualmente

nenē   denso, espeso

neñu   hincharse, inflamarse
  xnéñu   engordar

neñu   mora
  nunéñú   moral

nɨ   indica tiempo pasado, antecede los verbos

ní   un negativo subjuntivo en forma condicional
  ní sáha-de   si lo hubiera hecho...

ni   ni

níí   usted

níí jínáhan-ní   ustedes

nian   puro, sin mezcla, mero

nihɨn   encontrar, obtener

nɨhin   firme, fuerte, seguro

nɨhná   matlazihua; un ser sobrenatural, un duende

nɨhní   caliente

nihnu-ni   esparcido, raro

nini   mientras

nɨnu   encima de, arriba
  yóso nínu   está flotando

niñʉ, niʉ   noche
  nɨɨ niñú   toda lo noche

nɨhin   retumbarse, rugir, ronronear (el gato); hacer ruido sordo y continuo

níí   entero, en todo lugar
  níí cáhnu   por todo el mundo
  níí cáni   por siempre

nɨɨ   embotarse, alisar

nɨnɨ   siempre, habitualmente

níni iní fastidioso

niñi mazorca

niñí sangre

niñí taín postema

níñí sangriento

nohon volver (a cualquier lugar)

nohon regresar (a la casa)

nú si, supuesto que

nucaji encina

nucává amarguita (hierba)

nucosó yóo luna nueva

nucuáá una vara tlachiquera, cañuto

nucuayú escalera de tronco

nucuhun ponerse, vestirse, contenerse

nucuhun iní recordar

nucuiñí ponerse en lugar de otra persona

nuhiní enebro

nuhní manojo, gavilla

núhní está atado

nuhun diente, muelas
nuhun iná diente canino
nuhun yósó diente molar
nuhun yuxéhé diente incisivo

nujánú gretado

nují fusil, arma de fuego

nundéhé frutal

nundéhé titúun el cerezo, el capulín

nundéhé trasnú el durazno

nundícá el platanal

nundócó el zapote

nunduá Oaxaca

nungava caer

nungáva acostarse

nungóo sentarse

numá cesar de llover

numa hojas del árbol, vástago

numa sin hijos

numáhná sueño, modorra

nunéñú morera

nuní maíz
nuní jahá nixtamal

núña abierto

nuña abrirse

nuñámá caña seca del maíz

nuñúchi fresno

nuñúu sauce

nupélé peral

núsáá entonces, por eso

nusúún meneador, cuchara de madera, palo de nixtamal

nutícáhá palmoreal

nutinúu tejocotal

nuu bajarse, disminuirse
xnúu bajar

nuu retazo, residuo

nuū-yó cara

núu tener prisa
núu-ná nohon-ná tengo prisa de irme

núu un rato, calidad provisional, por breve tiempo
cuáha núu dar prestado
jungóo núu sentarse un rato

núú el primero, la primera vez
ní chaā núú-de es la primera vez que vino
séhe núú el primogénito

nuū hacia, en frente de, el lugar donde; cara

núú indica condición contraria o modo condicional
quee-dé núú si lo comería...

nuxichí órgano (cacto)

nuyáhu mercado, plaza

nuyísí el aguacate

nuyíquí lengua de vaca (árbol)

nuyōo carrizal

nuyúcún sabino, pino

nuyūhndú madroño

nuyújá ocotal

nuyújí chamisal amarillo

Ñ

-ña ella, mujer, señora

ñáa pesarse
 ñáa-i unī kilo el niño pesa tres kilos

ñáa parecerse a otra persona
 ñáa-i nuū-dé la cara del niño se parece a la de él

ñáá malo, vil, perverso

ñáá muchos, en gran número
 íin ñáá yuū hay muchas piedras

ñaā ruidoso
 ñaā yée-yo tícasūn es ruidoso cuando comemos totopos

ñaa obscuro; obscurecerse
 nī ñaa se obscureció
 ñuñáa obscuridad, tinieblas

ñacuāsún persona envidiosa

ñacuīhná ladrón

ñáhán vil, mal

ñahān temprano

ñahān ¡ven!

ñahan mujer
 ñahan súchí jovencita, señorita

ñahan úū segunda esposa

ñāhma suelo esponjoso

ñáhmá esponjoso, blando

ñahmā rey de camaleón

ñahmū camote; colmena; tubérculo

ñáhmu irregular, esparso
 nuū ñáhmu quīvī de vez en cuando

ñahmu malo, perverso
 sáñahmu-de él cometió una falta

ñahnā apestoso
 ñahnā jáhān apesta

ñāhná máscara

ñáhnu gran, viejo

ñajīhvá glotón

ñamā vivo, ligero, ágil

ñamā totomostle

ñānga chanza, chiste

ñángá chistoso, entretenido

ñanī hermano de un hombre

ñanī táhan parientes

ñañā íñú puerco espín

ñasīhí esposa

ñatōó ladrón, estafador

ñávāha tiene

ñaváha mal, perverso, hechicería

ñāyívi gente, persona

ñíhín mudo

ñíhín polla

ñīhin fuerte, firme

ñihīn obtener, encontrar

ñíhin temascal

ñiī sal

ñíí salino, que contiene sal
 nducha ñíí agua salina

ñii cutis, piel

ñii ndúchi-yo párpados

ñii yúhu-yo labios

ñii raerse, arañarse
 ñíi-i máá-i él se araña

ñíñí granizo

ññí arena

ñíti   arenoso
ñũcaa   Putla
ñucáhndĩ   pólvora
ñucáhni   tierra caliente
ñucãmú   Jicaltepec
ñucaxndóho   Jamiltepec
ñucõhyó   México, D.F.
ñũcuii   zorra
ñucuĩñí   Juquila
ñucuu inĩ   anticipar, desear, esperar
ñúcúún   con cuidado, prudente, bien preparado
ñuhmã   humo
ñuhũn   fuego

ñuhun   terreno, tierra
   ñuhun quíxín   terreno arcilloso
   ñuhun ñáñá   tierra de sepultura
   ñuhun téhé   desierto
ñúhún   hecho de terreno
   nducha ñúhún   agua lodoso
ñúhun   contiene, se viste con
   cuhun   contener, vestirse
ñuhun   jalar, arrastrar
ñujãní   sueño, la vista en sueño
ñuloo   Santa Lucía Monte Verde
ñumã   cera

ñúmá   hecho de cera
ñuma   ensuciarse, estar sucio
ñundéyá   Chalcatongo
ñundijĩn   luz, claridad
ñundĩvĩ   Pinotepa Nacional
ñunduhã yúú   Pinotepa de Don Luis
ñuñáa   obscuridad
ñuñamã   amuzgo
ñuñu   red, morral, bozal
ñúñú   hecho de malla
ñuñũ   chahuixtle
ñutáan   terremoto, temblor de tierra
ñuu   menear, escarbar
ñúú   de noche, noche
ñuũ   orilla de paño, borde, corte
ñuũ   pueblo
ñuũ sajin   Huajuapan de León
ñuũ tũnú   San Andrés Chicahuaxtla
ñuũ yõcó   Pinotepa Nacional
ñuũ yoscuíá   Juxtlahuaca
ñuũ xinĩ ñúũ   Chalcatongo
ñuũ xiní vícó   San Juan Mixtepec
ñuũ-tí   buche de las aves
ñuyívĩ   mundo

ocõ   veinte
   ocõ uxĩ   treinta
   ocõ xiahũn   treinta y cinco
ocõ xũhún   dos pesos cincuenta centavos
ondẽ   hasta

P

pahlā ancho y plano

pañú rebozo

pehlo terrón, trozo

pélé pera, peral

píɾ blondo, rubio, (gachupín)

pípí guajolotito

Q

quee ir, soplar, salir
  quée tachɾ el viento está soplando
  nɾ quee-de cuahān-de él se fué
  tú ní quée vāha no salió bien, reprobado

quee comer
  yée-dé él come
  squée dar de comer

quēe ir por abajo, abajarse
  nɾ quēe ndicāndii se puso el sol

quéé
  sēhe ndáhú sēhe quéé huérfano
  cahān ndáhú cáhān quéé-de él habla tristemente y con lágrimas

quee nuū-yō asombrarse

quee ñūhun inɾ-yō tener bondad, estar de buena gana y con amabilidad

quéhé tocar

quejáhá comenzar, empezar

queliáca resbalar

quelɨhvɾ deslizar, resbalar

quenchaā quitar, sacar

quenda ir afuera, salir, departir
  quenda coyo ir en grupo

quendáhá agarrar con las manos; pegar

quendava saltar, brincar

quendoho filtrar, colarse

quendōo quedarse
  quendōo ndáhú quedarse viudo o viuda

queñihin echar afuera, sacar
  queñihin sɨhvɾ escoger nombre, nombrar

queñūhun inɾ tener bondad, favorecer

quetáhan encontrar con
  tú quétáhan tūhun no están de acuerdo
  nɾ quetáhan-ná jɨɨn-i yo encontré con él

queyuhu prometer

quicoyo venir en grupo

quɨɾcu coser
  quɨɾcu ndaha coser a mano
  náquɨɾcu-ña ella está remendando la ropa

quícu-ña itá

quichɾ tener cosquillas
  squichí hacer cosquillas

quichi rasparse, estar raspado

quihɨn irse
  quihɨn-rɾ me voy
  quicuāan-rɾ voy a comprar
  quindēhé-rí voy a ver
  quiquɨhin-rɾ voy a traer

quihin   tomar, aceptar, comprar
  nɍ quihin-de uʉ   él tomó dos
  quihin-ní ndɨvɍ   compre Ud. huevos
  nɍ quihin núu-rɍ-ún   lo tomé prestado

quii   venir
  quii-de vina   él vendrá hoy
  quicahãn-de   él vendrá a hablar
  quicuaan-de   él vendrá para comprar

quɨ̃ji   calentura
  yíhi quɨ̃ji-ña   ella tiene calentura

quinacuaan   venir para comprarlo otra vez

quinacuãan   ir para comprarlo otra vez

quinanchaca   venir para traerlo

quinanchãca   ir para traerlo

quinaquihin   venir para recogerlo

quinaquɨ̃hin   ir para recogerlo

quinchaca   venir trayendolo

quinchãca   ir llevando

quɨ̃ngoyo   ir en grupo

quini   feo, terrible, asco
  quini quini yée-dé   él come muchísimo
  sáquini inɍ-yŏ   me da asco
  quini xaãn   muy feo

quiñihin   echar fuera

quiquɨ̃hin   ir a traerlo

quistáhãn   ir a mostrarle

quitahãn   ir a encontrarle

quitɍ inɍ   enojarse

quixí   está durmiendo
  cusʉ   dormir

quíxín   arcilloso, viscoso

quɨ̃hmɨ   mujer recién parida

quɨhñi   crujir los dientes

quɨhvɨ   calzar; vestirse
  yíhi-de ndijãn   calza zapatos

quɨhvɍ   obscurecer el día

quɨhvɨ-ní xŏo   póngase la falda

quɨɨn   amolar

quɨ̃ɨn   viadera

quíndɨ́   abigarrado

quɨnɍ   marrano

quɨquɨ   seco, flaco

quɍsɨ   olla

quɨsɨ   temblar
  quɨ́sɨ-i-ña   ella está temblando

quɍsɨ ñíí   tobillo

quɍsi suu   honguillo

quiti   animal
  quiti táta   animal doméstico
  quiti yṹcú   animal silvestre
  quiti xaãn   animal feroz

quiti   amasar

quitɍ   hervir
  quití nducha   está hirviendo el agua
  quití chɨ̃   gruñe el estómago

quivɍ   día

quɍvɨ   entrar
  nɍ quɍvɨ-de vehe   él entró en la casa

quɍvɨ nduʉ   entremeterse, intrusarse

quɍyi   cántaro

quɨyɍ   blanco

R

ramba   grueso

rengo   renco, manco
  chãa réngó   cojo

-rɍ   yo, mi, mia, mio (exclusivo familiar)

ríqui   pájaro carpintero, picamadero

bisonte
jirafa
zorra
venado
león
camello
llama
armiño

rĭcóhndó sapo

rĭⱨ borrego

rĭ⫲ tieso, tirante

rĭquⱨñⱨ rana

róó tú
  máá-ró jínáhan-ró vosotros

ruꞟ yo, a mí

S

sáá hace mucho tiempo, antes

saⱥ pájaros

saá yacⱥ pájaro con copete

sácá (sáá) apenas, acabo de
  sácá nĭ chaⱥ-de apenas
  llegó él

sácá chistoso, juguetón
  sáha sácá-de él es muy juguetón, lo hace en chiste;
  hace groserías

saca repartir, distribuir
  sáca-de trigo él está sem-
  brando trigo

sacⱥ estar sembrado, distri-
  buido

sácá núu mezclar

sacⱥ nꞟu ser mezclado

sácáni alargar, hacerlo más
  largo

sácátá hacer burla

sácuáchí hacer pedazos, desmenuzar

sácuáñú aguzar, sacar punta
  a...

sácuáñúhún infectar, ulcerar

sácúcá enriquecer

sácuéé retardar, dilatar

sácuⱨhⱥ inꞡ entristecer

sácuⱨhná robar

sácuíjín emblanquecer

sácuⱨtí acortar, abreviarse

sácútu adornar, asegurar

sácháhán ensuciar

sáha hacer, fabricar, causar

sahⱥn doctrina, enseñanza

sⱥhán con respeto, discurso

sáhán escatimaso
  sásáhán-de él escatima

sⱥhí secretamente, escondido

sahma ropa, manta, tela
  sahma cuítá sábana
  sahma tíndⱡhá ropa fina,
    seda
  sahma téhndé trapos, hara-
    pos

sⱥhnda pierna, muslo

sⱥhu sumergir, perderse de
  vista

sahvⱥ rana

saꞟn sⱥú idioma, dialecto

sájáá renovar, hacer nuevo

sájáhⱥ inꞡ ser orgulloso, despreciar

sájichá hacerlo ancho

sajꞟn sobrino

sálꞟhlí hacer muescas

sálⱨhví hacer resbaloso

sálⱨⱨ alisar, desnudar

sálúlí empequeñecer

sáluu embellecer

sámá comida

sama cambiar

sámanſ   apaciguar, intimar

sámasú   domar

samꭒ   garza

sáná   guajolota

sãna   desencaminar

sãna xinſ   desvariado

sanaa   tal vez, quizás

sánaa iní   ser sorprendido, no esperaba

sanaa-ní   de repente

sánchãú   Yosondua

sanchꭒ   ceñidor, cinto

sándaã   arreglar, resolver

sándáhú   empobrecer

sándéé iní   consolar, tener confianza

sándihſ   pulverizar, moler

sándꭢhí   el último, el fin

sándɨyſ   burlar

sándoo   limpiar

sándóó   enderezar, hacerlo recto

sáni   de la mano izquierda

sáni   de balde, sin pago, en vano

sáni-gã   todavía, el mismo

sánſhin   apretar, afirmar

sánſhin inſ   rebelarse, desobedecer

sáñaã   hacer ruido

sáñahmu   cometer delitos

sáñáhnu   engrandecer

sáñángá   entretener; estorbar

sãñii   olote

sáquini inſ-yꝋ   hacer ascos

sásáhán   escatimar

sásꭢn   separar, apartar

sasua   al contrario

sáténu   estorbar, perturbar

sátiñu   trabajar

sátꭒha   preparar, alistar

sátúhún   dar falso testimonio, mentir

saꭒ   lluvia

sava   algunos, una parte, mitad

sava yoꝋ   quincenal

sávãha   reparar, recomponer

sávii   mondar, pelar

sávixſ   endulzar

sáxíin   ladear

sáyohꝋ   enchuecar

sayꭒ   gargajo
   cuehẽ sãyú   catarro

sáyúchí   pulverizar

scáa   alzar, levantar

scáã   extender, estirar

scáca   empujar, dar movimiento a, hacerlo andar

scácu   parir hijos

scácunu   engrandecer

scáchihi   tropezar

scáhãn   incitar, aconsejar

scáhma   hacerlo retumbar

scáhndſ   tronar, explotar, resoplar

scáján   tocar a la puerta, hacerlo sonar

scáji   alimentar, dar de comer
   caji   comer

scána   tirar, echar

scánangava   tirar o echar una cosa por abajo, hacerlo caer

scandá   incitar, animar, causar acción
   candã   moverse

scánda   hacerlo brincar
   canda   brincar

scándíjá   convencer, persuadir
  candíja   creer

scándita   acercarlo
  candita   acercarse

scáni ndee   trastornar, volcar

scáni táhan   comparar, poner
  juntos para comparar

scañú   escaño

scáquíhvi   tocar ligeramente con
  el codo para advertir

scasí inî   dar el desayuno
  casî inî   desayunarse

scásí   hacer cosquillas

scasún   tostar
  casûn   ser tostado

scásúú   chiflar

scáta jáhá   hacer bailar
  cata jáhá   bailar

scáxín   tocar o tañer una campana
  cáxín   repicar

scáxin   amamantar al nene
  caxin   mamar

scócó   hacer tragar
  cócó   tragar

scóho   dar de beber
  coho   beber

scóto jãni   soñar, ver en
  sueño

scóyo   desgranar, vaciar

scuáa   cegar, deslumbrar

scuacú   hacer reir
  cuacû   reirse

scuáha   estudiar

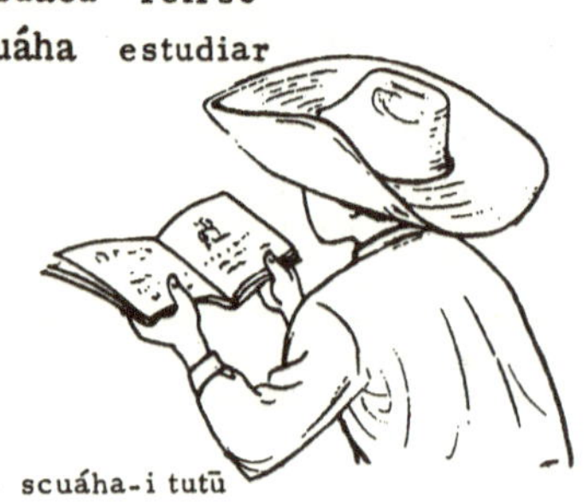

scuáha-i tutū

scuáhnu   criar
  cuahnu   crecer

scuáhñá   ahorcar, ahogar
  cuáhñá   ahogarse

scualó   hacer heces
  cualõ   heces

scuánducha   bautizar a alguien
  cuanducha   bautizarse

scuátáhan   hacer pelear
  cuatáhan   pelear

scúchi   bañar a uno
  cuchi   bañarse

scúchi   hacer madurar
  cûchi   madurarse

scuícó   revoltear, dar vueltas
  cuícó   girarse

scuíi   quitar la cáscara, mondar, raerse

scuíndíso   cargar, traer,
  llevar

scuínu   enfriar, resfriar
  cuinu   escalofriarse, tiritar

scuiquín   causar dolor, encender, incitar

scuíta   perder; echar o sembrar

scuítá   causar el cansancio

scúnãmá   vestir, proveer ropa

scunání   dar nombre a, nombrar

scúnu   hacer huir
  cunu   correr

scusú   causar dormir
  cusû   dormir

scútú   llenar
  cútú   lleno

scúun   bajar una cosa, hacer
  bajar
  cuun   bajarse

scúxi   enmohecer
  cûxi   enmohecerse

scháhmã   abollar, aplastar

scháli   desgreñar

schángi   desgreñar, desmelenar

schára   erizar

schíhmā   machucar

schíngɨ   rizar

schítú   llenar
  chítú   llenarse

schóho   cocinar, cocer

sēhe   hijo o hija
  sēhe cāsá   yerno
  sēhe jānú   nuera
  sēhe cáhnu   entenado, en-
    tenada
  sēhe ndúchá   ahijado, ahija-
    da
  sēhe sahma   muñeca
  sēhe sɨhɨ́   hija
  sēhe tɨ́jání   nieto, nieta
  sēhe tɨ́jání súcá   bisnieto,
    bisnieta
  sēhe yíí   hijo

sété   rasurar, esquilar

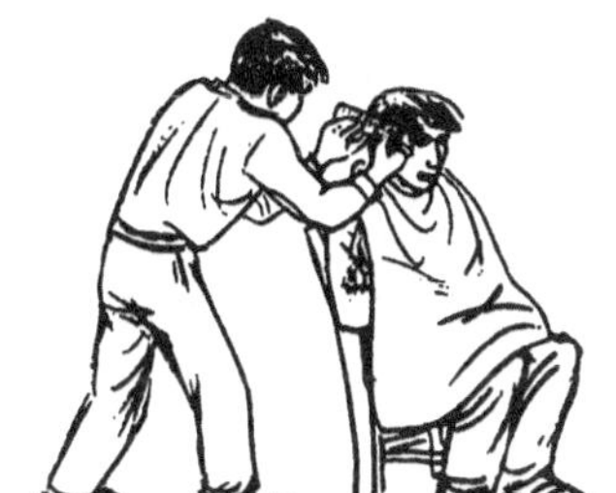

sété-de ixi-de

sía   soltar, dejar salir

sía sía   tal y tal, así y así

sihichí   secar
  nahichɨ́   secarse

sihíta   deshilar

sihlɨ   bonito

sijáhā   decolorar, teñir

sijiá   agriar, acedar

síjin   cernir, colar

sijínu   terminar

sijinú   desembarcar

sijíta   gastar, disipar

sío   pasar al otro lado, huir

sivixí   calentar

siyíja   sazonar, madurar

siyíjin   anestesiar, causar
  torpor

siyúhú   espantar

sɨhɨ́   hembra; feminino
  ñasɨhɨ́   esposa
  sēhe sɨhɨ́   hija

sɨhɨn   pierna

sɨhɨ̄   horcón

sɨhɨn yóó   sarro

sɨhvɨ́   nombre

sɨhvɨ́   saliva, chicle

sɨɨ iní   alegre, festivo

síɨn   diferente, aparte

sɨquɨ   espalda, encima de,
  acerca de, tocante a

sɨquɨ sōho   aretes

sɨquɨ sucūn   collar

síquɨ   en chanza, chistoso

sɨ̄quɨ   burlón, chancero

síquɨ téhé   paupérrimo

sɨsɨ́   juguetón, travieso

sɨyɨ   chamuscar

sjáa   causar hinchar o inflar

slíli   tiesar

sōco   hambre, apetito

socō   ofrecerse, rendirse

sócó   placenta

sócó ndícāndii   franja del sol

sócó ndúcha   pozo

sōho   oreja

sóhó   sordo

soō   cáscara

sóó iní   contencioso

squée   dar de comer

squée   tirar

squée itū pizcar maíz

squéhichī menospreciar, desechar

squéjáhá activar, comenzar

squéndava hacer saltar

squéndōo abandonar, dejar

squétáhan juntar, comparar

squéyúhú causar prometer, hacer que diga la verdad

squícuu cumplir, obedecer

squíi inī seducir, tentar, osar

squití inī provocar, enojar

squīhñi crujir los dientes

squíquɨ enjutar, secar

squɨ́sɨ sacudir, hacer temblar

squɨtɨ́ hervir

squívɨ meter

staā tortilla
   staā ndɨ́xɨ memela de elote
   staā ñāmá tamal
   staā tilá pan

stáa jalar

stáa tachī respirar

stáan causar un temblor

stacá reunir, juntar

stáhān nuū enseñar, mostrar

stáhān fatigar, molestar

stáhya aflojar

stajāhá hígado

státáhan disputar

státú suspirar, jadear

staú esquebrajar

stáu escaldar, ablandar

stayá disminuir, minorar

stándaha hacer casar, darlo en matrimonio

stéhndē dividir, cortar

stehyū secreción de los ojos

stéhyū se pudre

stétuu forzar, obligar

stɨ̄hvī concluir una junta; arrojar el agua

stɨ̄hyi fruncir, arrugar

stɨ́ɨn pegar, unir

stɨ́vɨ́ equivocar

stoō tío

stóo gotear, aplicar con gotas

stují lastimar, herir

stúnchaā derribar

stútú recoger, juntar

stúu rodar una piedra

stúun alumbrar

sua así

súan como aquel modo

sucā cejas

súcá los bisabuelos
   tatá ñúū súcá bisabuelo
   naná ñúū súcá bisabuela
   sēhe tɨ́jání súcá bisnieto

sucu azotar

sucuiñī detener, parar

súcun arollado, envuelto

súcún alto, arriba

sucūn cuello

sucūn jáhā tobillo

sucūn ndáha muñeca de la mano

sucūn yūú brujo

sūchá mollera

sūchá nadar

sūchí niño, niña

súchí joven, menor

suhā chocolate

suhmā cola

suhnū camisa, blusa

sūhú nuū cegar los ojos

súhūn   correcamino (pájaro)

súngava   tirar por abajo

súngōo   sentar

suni   también

sūsia   resina, trementina

sūsia cūtú   copal

sutū   cura

suu   sí, así es

suu   tamal

suun   rancio, fétido

T

tā ní ini   buenas tardes

táā   papá, señor

táā chīsó   suegro

táā uū   padrastro

tāá ndii   buenos días

tāan   temblar (la tierra)
  ñutáan   temblor

taan   meter adentro

tacā   nido del pájaro; escoplo, madriguera

tācá   todos

tacā   reunirse

tácásá   concuño

tachī   aire, viento, espíritu

tāha   clavillo

táhan   amigo, paisano, pariente
  táhan yani   parientes
  ñanī táhan   esposa, esposo, prójimo

tahān   acontecer, acaecer; adaptar una cosa a otra

táhan   compañeros, miembros de una misma clase

táhān ndáha quítī   rastro, huella de un animal

tahī   guías de calabaza

táhín   débil, delicado, sensitivo

tahni   oler

tahnū   quebrarse
  cahnū   quebrar

táhnú   manco, cojo, quebrado

táhú   romper, quebrar; labrar la tierra

tahū   romperse, quebrarse

táhú tíñu   mandar, gobernar

tahū   heredad, herencia
  mā nánihīn táhū-dé   no será perdonado jamás
  mā nihīn-dé tahū-dé   no recibe su herencia

tahū-rō cúu   seas favorecido

táhú   un poquito

táhuhū inī   entristecerse, apesadumbrarse, sentimiento

tahya   aflojarse, estar suelto

tahya inī   inconstante, mudable

táí   en pares, juntos
  cájica táí-de   ellos andan juntos

táí xuū   salutación al mediodía

taīn   sudor

táín   moretón
  niñī táín   el cardenal que resuelta de un golpe, postema

táín   sudar

tāin   marchitarse

taja   trueno

tāja   brillar

tájánú   concuña

tajī   desterrar

tájí   enviar, mandar

taji   sembrar, plantar

tamā   hambre, carestía

táminū   chamiso

tanā   remedio, medicina

tanā

tána curativo, medicinal
chāa tána un médico
ñatāná curandero

tana gemir

tánañā chayotera

tandaha casarse

tāni pretina, faja

tanῐhu costumbre, tradición

tanu policía, campanero

tanῠ desarmarse, derribarse

tarasíŏŏ buenas noches

tasῐ maldición, imprecación, hechicería

tásί maldito
sátásί imprecar

tasῠ halcón

tatā semilla, descendientes

táta doméstico (animales)

tatá señor, hombre, papá

tatá ñúῠ abuelo

tatá ñúῠ súcá bisabuelo

tatῠ emplear a otra persona, encargar a una persona, usar prendas ajenas

táú hilar; susurrar (los gatos)

tau escaldar, tostar

taῠ deber; apiñarse

táú tostado
nduchi táú frijoles tostados

tāú inῐ cansarse, desmayarse

tava quitar, sacar

tava iní atreverse, animarse

taxῐn quedar abollado, machucado
caxῐn abollar

táxín coger frutos o café

tayā acabarse, disminuirse

te y, con

té todavía no
té cuu-gā cahān-i todavía no puede hablar

tehē casco de animales, pesuña

tehe vagamundo, errante

téhé calvo, sin pelo, desierto

tehndē romperse, apartarse; pagar por completo una deuda

téhndé roto, rasgado, trapiento

tehndē tῠhun un fiasco; que salió bien un asunto, determinado

tehyῠ descomponerse, pudrir

téhyú podrido, corrompido

tene flotar
sténe ahogar, llevarse (el agua)

teñaa poner, designar, establecer

téñu ocupado, en desorden

tetahān asignar, repartir

tété defecar

tetíñu encargar a otra persona

tetuní aseñalar, mandar, gobernar

téyίί muchísmo, con fuerza

teyῠ banquito

tēyú corazón del árbol

tícu marranito

tίchi aguacate

tίhlῐ poco

tίhlú mazo

tihlῠ pequeño, chiquito

tila   gente de razón

tɨmba   chaparro, que no creció bien

tiñu   cosa, asunto, negocio

tíñu   uña

tiñúhún   chintitlahua, quelífero, capulina

tiñūú   gallinas

tiñūú xíni   estrellas

tɨó   chiquihuite, cesta

tisūn   mayate

tiyūú   tusa

tɨca   chapulín

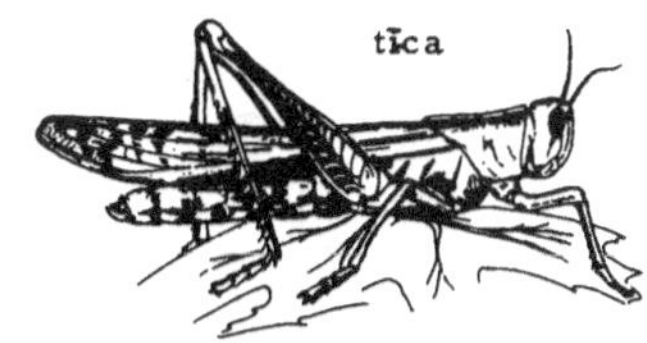

tɨcācá   cacalote, cuervo

tɨcácan íni   tarántula

tɨcachā   polvo

tɨcachā xāān   remolino

tɨcāchí   cobija, chamarra

tɨcāhvá   ciruela

tɨcahyā   hongo del maíz

tɨcāi   carbón

tɨcájin itú   gusano de milpa, frailecillo

tɨcanu   nudo

tɨcañā   alboroto

tɨcañá   desordenado

tɨcāsí   cuchara de jícara

tɨcasūn   totopo

tɨcáta   sarna

tɨcāxíhi   respigón

tɨcōco   bandeja

tɨcoco yau   tronco de maguey

tɨcocō   gusano comestible, carcoma

tɨcóchi   raído, trapiento

tɨcōhi   hoya
  tɨcōhi sucūn   hoyuelo

tɨcóo   tamal

tɨcotō   cresta de gallo

tɨcōyēhndé   arco iris

tɨcu   pespunte

tɨcuāa   mariposa

tɨcuāá íá   limón

tɨcuāa ñuhūn   brasas de lumbre

tɨcuāa yúú   guayaba

tɨcuáán-nā   tempranito, antes de la alba

tɨcuāhá   arador (insecto)

tɨcuāndahū   sombra

tɨcuángó   torcido, chueco

tɨcuáñú   zancudo

tɨcuáyo   revoltón

tɨcuchí lehlē   murciélago

tɨcuehē   perro rabioso

tɨcuéru   debilitado, flaco

tɨcuhlu   rastrojo, tocón

tɨcúhlu   manco, disfigurado

tɨcuhní   ganado, hato

tɨcúhu   romerillo

tɨcuíngó   encorvado, chueco

tɨcuínu   débil, de poco ánimo, flaco

tɨcuɨɨá   verruga

tɨcuɨtɨ   papas

tɨcunchí   papaloméy

tɨchahmā   bofes, pulmones

tɨcháhmá   esponjoso

tɨchɨhló   granada

tɨchíhlo   tepalcate

tɨchihlu   callo

tɨchɨɨn   tortilla dobladita

tɨchíngo   cabello rizado

tɨchohõ   mancha oscura en el
  rostro, paño

tɨhaquɾ   risueño

tɨ̃híá   ágria

tɨhíchí   iguana

tɨhíchí tɾ́cu   prendedor para
  techar

tɨhinã   perro

tɨhinɾ   apestoso

tɨhiñʊ   espuma

tɨ̃híú   vacio

tɨ̃hɨ   jorobado

tɨhvɨ   chupar

tɨhvɾ   concluirse una junta

tɨhyɾ   arrugarse, plegarse

tɨɨ   tenso, estrecho

tɨɨn   agarrar, coger
  natɨɨn   trenzar

tɨ̃ɨn   pegarse, atascarse

tɨ́ɨn   residuo, un manojo

tɨjahãn   casuela

tɨjãín   cascarilla del maíz

tɨjãní   nieto, nieta

tɨjãní súcá   bisnieto, bisnieta

tɨjiɾ   zopilote

tɨjiɨ

tɨjiɾ nɾ yii   zopilote rey

tɨjiɾ pãnú   quebrantahuesos

tɨjɾqui   cosa cuadrado

tɾjíquɾ   cuadrado

tɨłacuã   charlatán, palabrero

tɨłacuá   gárrulo, locuaz, char-
  lante

tɨłahlã   palabrero, platicador

tɨłahlɾ   arveja

tɨłãxún cuáñúhún   planta del
  género como la hierbamora

tɨłehlẽ   palabrero

tɨ́łíngi   delgado, flaco, débil

tɨłuhʊ   tostado y dorado

tɨ́łúú   redondo

tɨłʊ́ú   nalgas

tɨ̃mii   abeja

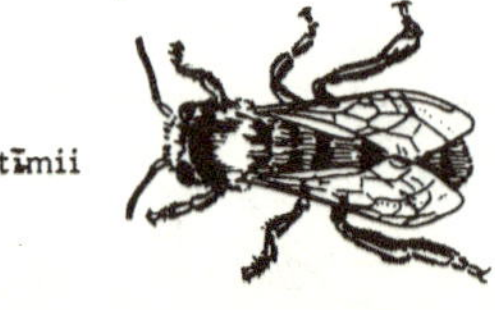
tɨ̃mii

tɨ̃mii lɨ́hlo   abejón

tɨ̃mii ñuñʊ   abeja de miel

tɨ̃mii yocõ   panal

tɨ̃nana   tomate
  tɨ̃nana cuáhá   jitomate
  tɨ̃nana ndɨ́ɨ   miltomate
  tɨ̃nana sóõ   miltomate, tomate verde con cáscara

tɨnáni   largo, elongado

tɨndacã   avispa

tɨndácú   gusano, lombriz

tɨndácú ñúhún   ácaro

tɨndahã   tecol

tɨndása   lombriz (gallina ciega)

tɨndɨ̃hí   púrpura

tɨndíjín   ocioso, perezoso

tɨndíjin   diagonal, a través

tɨ́ndɨ   goloso

tɨndɾcá   cono, piña del árbol

tɨndɨ̃hɨ   triquinosis, triquina

tɨndɨquɨ ñuhʉn — chispas de fuego

tɨndɨquɨ — horquilla, palo de orqueta

tɨndíquɨ — ramoso, erizado

tɨndohō — jarro

tɨndóho — problemas, dificultades, sufrimientos

tɨndóo — araña

tɨndōtó — orzuelo del ojo

tɨnduā — cosa plana

tɨnduá — cosa cóncava

tɨndúhu — tronco del árbol

tɨnduhʉ — amole, jaboncillo

tɨndutʉ — sucio, mugroso

tɨnduʉ — colina, loma

tɨndúú — gordo y redondo, grueso

tɨnduxā — ronchas, roña

tɨngɨ — entumirse

tɨnɨ — varios

tɨnúu — tejocote

tɨnúu ndúchi — pupila, niña del ojo

tɨñahmā — bofes, pulmones

tɨñáhmá — esponjoso

tɨñāhmá — capullo

tɨñí — ratón

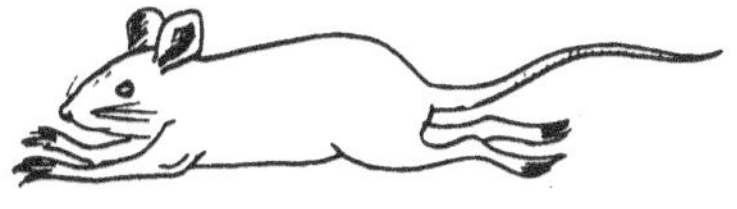

tɨñí

tɨñɨhí — zorrillo

tɨñii — comadreja

tɨñɨñɨ — arenoso, miguero

tɨñíñí — sangrado, manchado con sangre

tɨñʉhmá — avispa, chirpa

tɨñúhún — chintitlahua, capulina, quelífero

tɨñʉñu — cosa hecha de malla, cosa tejida

tɨñuñʉ — tizón

tɨñuu — tecolote

tɨñuu

tɨpihlō — buaro, zopilote

tɨquēe — planta jabonera

tɨquixin — polilla

tɨquíquɨ — cosa resecada

tɨquɨɨ — moco

tɨrámba — grueso

tɨrándi — enjuto, agotado

tɨrɨɨ — desierto, árido

tɨrɨ — pollitos

tɨsaā — pájaros

tɨsahā — muérdago

tɨsɨhɨ — calambre de muslo

tɨsɨhɨn — horquilla, horcón

tɨsɨhví — saliva

tɨsɨhvɨ — manchas en el piel

tɨsohō — cicatríz

tɨsuhma — alacrán

tɨsūmí — cuitlacoche

tɨtacā — ramita, palito

tɨtāhú — tepalcate, cosa quebrada; grietas en el piel

tɨtáhú — quebrado, reventado

tɨtangɨ — persona con pelo desgreñado

45

tɨtáxín   machucado, aplastado

tɨtehe   calvo, pelado, desnudo

tɨtehē   cáscara de calabaza

tɨtēhé   cucaracha

tɨtɨ   camote, bulbo

tɨtɨ cachá   la rueca del huso

tɨtíngɨ   encogido, paralizado

tɨtōó   polilla

tɨtúún   espantajo

tɨvāyá   flor de calabaza

tɨvíví   tegüisote

tɨvɨ   soplar instrumento musical;
   fusilar

tɨvɨ tɨsɨhví   escupir

tɨvɨ́   descomponerse

tɨxēxe   orina

tɨxɨco   golondrina

tɨxɨco   algarroba

tɨxíco   apestoso, mal olor

tɨxɨhú   cuchara

tɨxíi   capote

tɨxɨn   pleito

tíxín   contencioso

tɨxɨn   chicharra

tɨyaā   caspa

tɨyáa   pálido, blanco

tɨyácá   pescado

tɨyácuá   sinuoso, encorvado

tɨyacuā   corteza, cáscara del
   árbol

tɨyahā   calabaza, vinatera, bule

tɨyāhú   liendres

tɨyándá   áspero, grueso

tɨyau   penca de maguey

tɨyéhndé   arquillado

tɨyí   paralizarse

tɨyii   montones

tɨyiyɨ   cucharillo (planta)

tɨyiyɨ   zancudo

tɨyócó   hormiga

tɨyōhó   pulgas

tɨyōhó cuáán   chinche

tɨyohō yau   tronco del maguey

tɨyucū   hierbas, plantas

tɨyucu   piojos

tɨyúcún   moscas

tɨyúchí   cosa pulverizada

tɨyúhú   besar

tɨyūhvá   hamaca

tɨyūján   barro, granillo

tɨyuū   redondo, circular

tɨyuxɨ   llovizna

toco   barriga

tōhó   de seriedad; persona
   frágil

tohō   jefe, autoridad, persona

tondó   mucho

too   una medida de 20 centíme-
   tros, del dedo meñique hasta
   el pulgar

tōo   escurrir, gotear

tóó   codicioso, avaro

tósó   detenido en el crecimiento

toto   roca, peña

totō   un tanto doble

tú   no, nada

tucá   no más

tucā nuū   vergüenza

tucáhnu inɨ   perdón, misericordia, disculpa

tucu   otra vez, diferente

tuchā   estrellarse, destruirse

tuchā nunɨ   chileatole

tūchi   nervio, vena
  tūchi quɨhmɨ   latido
  tūchi ndaha   pulso

tūha   listo, preparado

tuhma   refugiarse, ampararse

tuhū   concluirse una junta o
   clase

tuhū   la superficie, la cara

tūhú   viejo, usado

tūhun   noticias, palabra, cuen-
   to, asunto
   tú tūhun-de   ho hay noticias
    de él
   tūhun cúndáhú inī   amor
   tūhun cuáchī   crimen
   tūhun ndaā   verdad
   tūhun ndéé inī   consolación
   tūhun ndɨvāha   maldición
   tūhun ndɨyī   chanza, burla
   tūhun túhun   mentira
   tūhun vēe inī   tranquilidad,
    paz
   tūhun xndáhú   engaño
   tūhun yátá   parábola
   tūhun yóso yūhu   pretexto,
    fingimiento

tuhun   desarraigar, arrancar

tujī   herirse

tújí   raspar

tuncháā   caerse, trastornarse

tūnchi   sima, abertura, abismo

tundóho   sufrimiento, dificultad,
   calamidad

tunī   seña, señal

tunī   entendimiento, mente
   nā cúu tunī   no sé
   nuū jinī tunī-yō   la mente

tuñu   moverse (el feto en el
   vientre)

tutu   silbar, chiflar

tutū   papel, libro

tútú   amontonado, juntado

túu   no, nada
   túu cuiti   absolutamente nada

tuū   angosto

tuu   picar, pinchar

tuu   rodarse; prender lumbre

tūu   ser revelado, manifestado,
   descubrirse un secreto

tuun   recto, vertical

tuūn   alumbrarse
   stúūn   brillar, lucir

tūun   plumas de aves

tuūn   lunar, tizne

tuūn jīó   tizne del comal

túún   negro, obscuro

U

uā   amargo

uhā   salado

uha   espeso, condensado

uhū   dolorido, difícil; malévolo

uhūn   cinco

unā   ocho
   unā vína   en ocho días

undivii   todos

unī   tres
   unī xico   sesenta
   unī xico uxī   setenta

uni   completamente, absolutamente
   uni ndáhú-ña   ella es com-
    pletemante pobre

usiā   siete

uū   dos
   uū xūhún   dos reales - veinte
   y cinco centavos
   uū xico   cuarenta centavos

uun   indiscreto, descuidado,
   lento, perezoso

uxī   diez
   uxī cuūn   catorce
   uxī xūhún   diez reales

V

vaā   tumultuoso, ruido de muchas voces hablando

vachŕ   porque, por eso

vāha   bueno, bien

vāha-gā   mejor

váhū   coyote

vāi   viene
  vāi coyo   vienen
  vāi ndii   vienen regresando

vája   guacamaya

vāji (vāi)   viene

vásá   más que, después de

vāsa   aunque

vāsté   por lo menos

vatá   bata de blusa

vátú   chivatos

vatū   ceñidor de mujer

vatū   libre, desenfrenado
  cáhān vatū-de   él habla
    libremente

vātu-ni   está bien

vāu   cañuto, nudo de planta,
    el brazo

váyá   anaranjado

vecāa   cárcel

vēe   pesado

vēe inŕ   tranquilidad, paz

véé   abajo

véē   sí; está bueno
  véē tāa   sí, señor.

vehe   casa

vehe añú   sepultura

vehe tíñu   municipio

vehe totō   casa de unos pisos

veñūhun   iglesia

vésé   lado izquierdo
  ndavésé   mano izquierda

vico   fiesta, temporada
  vico íchí   invierno
  vico sáú   verano (tiempo de
    lluvias)
  vico tándaha   casamiento

vico añú   fiesta de todos
    santos

vicō   nube
  vicō nūhún   neblina

vícó   nublado

vŕchi   soplador, aventador

vichŕ   animales que andan
    arrastrándose, bicho

víchí   desnudo, pelado

vichí   bonito, brillante

vidáā   verdadero, vida

víhí-gā   peor, más intenso

vihnchā   nopal

vii   de veras

vii   con cuidado, suavemente,
    despacito
  vii vii-ní sáha-ró   hazlo con
    cuidado
  vii-ní cáa   es bonito

viji   piña

viji

vijŕ   pliego de papel

vŕjin   frío
  sávŕjin   hace frío
  távŕjin-rŕ   tengo frío

vili   juguete

víló   lagartija, músculo

víló

vílu

vílu   gato

vílu yúcú   gato montés

vina   hoy
  vina nchaa   inmediatamente, ahorita

vindáā   de veras, por cierto

vindáā vinené   apaciblemente, tranquilamente, con respeto

viñūhun   iglesia

vītá   suave, blando

vitan   ahora
  vitan ñúhni   ahorita, pronto

vitū   viga

vīu   milpitas

víxá   mojado, húmedo

vixī   dulce; tibia; fachoso, orgulloso

vīxi   canas

vóō   tú, sí

X 

xāa   quijada

xaān   muy; afilado; feroz

xaān iní   enojado

xáan   valiente, fuerte

xāhan   manteca, cebo, grasa

xáhán   gordo, grueso

xahū   discurso formal, palabras de consejo

xahvā   barranca

xānu   jocoyote
  sēhe xánú   el hijo último

xcahma   jícama

xcanī   excremento mucoso

xcōho   hoyito en que se siembran maíz, cajete

xcuandahū   ilusión, sombra

xcuili   flauta

xehe   anillo

xehndē   memela, tortilla alargada y blandita

xéhndé   alargada, elíptica

xehndē ndáha   palma de la mano

xéhñú   lindero

xendu   ombligo

xeyū   bozal, lazo

xí   o

xiān   mañana

xían   poner encima

xīcó   vender

xicō   sabor, olor

xīco   mal olor

xico   veintena
  uū xico   cuarenta
  unī xico   sesenta

xicū   sobrina

xihān   gavilán

xíhi   un pájaro azul semejante a chachalaca

xihī   abrir los ojos con la mano; jalar por abajo el labio

xíhñā   gavilán

xiī   tía

xíí   flaco, debilitado

xíí iní   desanimado, entristecido

xiī   marchitarse, secarse

xīi   fibroso, correoso

xíī inī   tacaño, cicatero

xiin   costado, lado

xīin   el dedo pulgar del perro

xíin   que se inclina a un lado, falta de equilibrio

49

xíín   poseer, ser dueño de

xímú   planta bromeliácea;
   magueyita, gallito

xíndá   pellizcar

xindā   henderse, rajarse

xinꞮ   cabeza, cima
   xinꞮ yúcu   la cima del monte
   xinꞮ jáhā   dedo del pie
   xinꞮ ndáha   dedo de la mano
   xinꞮ jꞮtí   rodillas

xinꞮ cāi   masa de arveja

xinꞮ iná   malacordemo, perro
   ponzoñoso (cabeza del perro)

xinꞮ ñúū   Chalcatongo

xíni   la cena
   quee-yo xíni   vamos a cenar

xíní   perteneciente a la cabeza
   jání xíní   da volatines en el
      aire
   chāa xíní   el líder, autoridad,
      dueño
   cuehē xíní   catarro

xinū   lama

xíó cáni   trastornar, volver a
   revés

xíó cáva   volver atrás, regresar

xíó cóto   mirar atrás

xítá   plano y ancho

xꞮtú yáu   cogollo de maguey

xꞮtꞮ   cortar

xꞮtꞮ   estar cortado, dividido

xlíli   atiesar

xnáa   destruir, perder
   nꞮ naa   se perdió
   nꞮ naa-dé   él se murió

xnahān-gā   antes, primeramen-
   te

xnáhmā   catequizar, oir en
   confesión

xnájꞮni   hacer emborrachar

xnání   nombrar, dar nombre

xnáñúú   al principio

xnáñuu   recavar, socavar

xndáa   alzar, levantar
   nꞮ ndaa   se subió

xndácoto   hacer mirar por
   arriba

xndácu   recordar, reavivar la
   memoria

xndáhꞮ   hacer llorar o gritar,
   aullar; tocar instrumento
   musical

xndáhú   engañar

xndáhvā   borrar, destruir

xndái (xndáji)   cambiar dinero

xndánda   hacer brincar o botar

xndánuu   repasar

xndáñaa   levantar, poner arriba

xndátá   rajar, hender
   nꞮ ndatā   se rajó

xndáva   hacer saltar

xndeá   hacer multiplicar,
   aumentar
   nꞮ ndeā   se aumentó

xndécāva   pasar por todos lados

xndéché   hacer volar; aventar
   trigo

xndée   poner arriba, encima
   de; estirar

xndéhē   tocar o tañer instrumento musical; hacer llorar
   o gritar

xndénūu   bajar una cosa

xndétātú   dar descanso

xndeyú   alumbrar, brillar

xndíco   enfriar, aliviar

xndichí   examinar, preguntar,
   interrogar

xndíhꞮ   moler, pulverizar,
   reducir a polvo

xndíi   hacer brillar

xndíī   hacer parar encima de otra cosa

xndío cáni tūhun   responder

xndío cáva   volver atrás

xndío cuiñí   regresar

xndɨcá   hacer una abertura, abrir un libro, desdoblar

xndíhɨ   terminar, acabar

xndɨquī   bueyes

xndɨquī

xndɨyi   encoger, acortar

xndɨyí   sudar en temascal

xndóco   consumir, gastar
 nī ndoco   se acabó

xndóho   afligir, castigar

xndónda   quitar una cosa que estaba pegada; causar alboroto; hacer levantar; motín

xndóo   abandonar, dejar

xndóto   despertar a alguien

xndóyó   robar

xndóyo   mojar, empapar

xndúcani   construir, levantar

xndúcōo   despertar

xndúcuiñī   hacer que se ponga a pie

xndúcha   derretir, disolver, liquidar

xnduhā   telaraña

xndúhā   hervir, calentar, fundir

xndútítáchí   inflar o hinchar con aire otra vez

xndútú   llenar una barranca con lodo y piedras

xndutú   derretir el cebo

xndúu   engordar

xndúvāha   curar, componer

xndúvixī   recalentar

xnéhnē   ahogar, ahorcar

xnené   hacer cerrar los ojos

xnéñu   engordar

xnīhɨn   producir un sonido bajo, susurrar

xnīi   alisar, embotar

xnóhōn   poner en su lugar lo que es dislocado

xnuhūn   paludismo

xnúu   bajar

xñáa   obscurecer, poner obscuro, opaco

xñúma   ensuciar

xohō   cascabel del crótalo

xohō   trama

xōo   falda
 xōo cuítá   enaguas

xquīhvī   obscurecer

xquīquī   calados, grecas

xūhún   dinero

xūhún

xúhún   brillante, refulgente

xuū   fondo

xuū jītí ndáha   codo

xuū sīhyi-yó   talón, calcañar, calcañol

Y

-yā (pronombre) Él, Dios

yáa lengua

yaā ceniza

yaā música, canto

yaa pálido, blanco

yáá emblanquecido
 nducha yáá agua de nixtamal

yáá ñúhūn llama de fuego

yāá con voz baja
 cáhān yāá cuchichear

yacā coscomate, troje

yacā tordo

yacū un poco, algunos

yacuā cáscara de caña

yácuá chueco, sinuoso

yachī pronto, rápido, fácil

yachócó águila

yáha aquí

yāhá éste, ésta

yaha chile
 yaha ndúyu cāa. clavos de
 especia
 yaha tíndúú pimienta

yahā hollín, humo que se pega
 al techo

yáhá moreno, castaño, color
 de café

yāhu pago

yahu caro, costoso; venta,
 mercado

yāhya calle

yáji come
 caji comer

yajī tesoro

yajin jícara

yānda costra

yándá áspero, escabroso

yani cerca

yañáhmu águila

yaquin armadillo

yaquin

yatā espalda, atrás

yátá de espaldas, atrás

yatā cáa coa

yaū hoyo

yaū cava cueva

yau maguey

yau

yau tícunchī papalomey

yavā almáciga, pachol

yává vertiginoso

yáxín delgado

yée come
 quee comer

yejā pechuga de ave, buche

yīhi se viste, contiene, tiene
 quihvɨ vestirse
 yīhi quīji-de él tiene calentura
 yīhi-ña xóo ella se pone su
 falda
 yīhi tachī hay viento

yíhí   crudo; verde, no sazonado

yihí   lobo

yíhi   dejado en barbecho

yihndí   valle, rejolla

yii   esposo

yíí   masculino
  sēhe yíí   hijo

yíí cáa   es difícil

yii   envejecer

yija   madurarse
  síyíja   hacer maduro

yíjin   colarse, filtrarse
  síjin   colar

yíjin   entumirse
  siyíjin   causar torpor,
    anestesiar

yíndasū   está cubierto, encerrado

yínduū   está envuelto, arrolla-
  do

yínúu   es más joven

yísāhu   está escondido, invisible

yisí   hoja de aguacate

yisí ñúhún   anisillo

yísúcun   está envuelto

yívāha   está guardado

yiyí   tejón

yíyí   tenamastle

yihví   excrementos

yiquí   huesos, cáscara

yiquí cúñu   cuerpo

yiquí ndiví   cáscara de huevo

yiquí tícuí   aguja

yiquí xiní   calavera

yíquí   osudo, lo que tiene
  mucho hueso; un brazo de
  largo (una medida)

yiquin íñú   chilacayote

yiquin tínduyū   calabaza

yíquín   tierno, infantil

yiquín nuní   cascarilla del
  maíz

yiti   ocote, luz

yiti ñúmá   vela de cera

yiti súsiá   antorcha de ocote

yoco   espiga

yocō   panal

yocō   vapor

yócó   vaporizado

yōcón   escobilla hecho de ixtle,
  escobeta

yōcón   almohazar, estregar

yohlō   arrugarse (la cara)
  desdientado

yoho   raíz, mecate, cuerda

yohō   chueco, torcido

yolíí   violín

yolíí

yólo   rata

yóó   nosotros

yoō   luna, mes
  nácuahnu yoō   luna creciente
  náchítú yoō   luna llena
  nájinū yoō   luna menguante
  yoō jáá   luna nueva

yōo   garganta; tubo, cañuto
  nuyōo   carrizal

yoscuía   Juxtlahuaca

yóso   moneda antigua
  uū yóso   treinta y un cen-
    tavos

yōsó   metate
  ndayóso   metlapil

yóso   está montado, está en-
    cima de
  coso   montar
  yóso núū tutú   está escrito
    en el papel
  yóso nínu   está arriba, en-
    cima
  yóso téne   está flotando

yóso-de cuayú

yóxndée   está puesto, está

yoyútu   mecapal

yoyúú   honda, orqueta

yuā   quelite, hierba
  yuā jití   quintonil
  yuā ndoō   yerba santa
  yuā táyóó   violeta

yúan   allí

yūán   éste, aquél

yúan-na   entonces, luego

yūán-na   pasando aquél y más
    después

yucu   monte, montaña

yucu átucha   Zacatepec

yucu íni   Yolotepec de La Paz

yucu ndáá   Teposcolula

yucu sáá   San Pedro Tutepec

yucu súhā   Cacahuatepec

yucu uū   Ometepec

yucū   arbusto, hierbas
  yucū inu   tabaco
  yucū itā xīin   pericón
  yucū lastríhí   cañagria
  yucū ñāhán   planta narcótica
  yucū yāá   estafiate

yucūn   fila, surco

yucun   Pléyadas

yúcha   tierno

yūcha   río

yūcha cuaān   fracción de
    Madero, San Miguel el
    Grande

yūcha nchoho   Puebla

yūcha ndéhyū   Estado de
    Guerrero

yuchaān   mañana

yuchī   cuchillo
  yuchī līá   cuchillo obsidiano

yuchī līhli   espolón de gallo

yuchi   harina, polvo, cosa
    granulada

yúchí   granulado, pulverizado

yuchi ndáhi   frijol molido

yuchi ndúhú   pinole

yuhā   hilo; escarcha, hielo

yúhú   perteneciente a la boca;
    un bocado
  tiyúhú   besar
  iin yúhú   un bocado
  chiyúhú   llevar en la boca
  ndeyúhú   confesar

yuhu   boca, entrada
  yuxéhe   puerta
  yundúcha   orilla del río
  yusáhma   borde de la tela

yūhú   espantarse, temer
  síyúhú   espantar

yúhú medroso, miedoso
  tūhun yúhú miedo, temor

yuja hojarasca de ocotal,
    follaje

yujan masa

yujan íá levadura

yúján crudo, blando, no tos-
      tado

yūji enterrarse
  chiyūji enterrar

yunu árbol, madera

yunu

yunu cóó palos de corral

yunu cúnu telar

yunu vixí frutal

yunu xíi vara, varita

yúnú con características de
    madera, tieso; paralítico

yutū mecapal; bagazo de panela

yutu yáu quiote de maguey

yuu petate

yuu lamer

yuū piedra
  yuū cáá piedra de afilar,
    amoladera
  yuū yáhá tejolote

yúú con características de
    piedra; espeso, sólido,
    quieto

yuxa hojarasca de ocotal,
    follaje
  nuyúxá ocotal
  yuxa ñúhún ocotillo

yuxcúhndū boca chiquita, nariz
    chata

yuxéhé puerta, entrada de la
    casa

yuxi ponerse raído, muy usado,
    gastado hasta verse los
    hilos

yuxi heno, paxtle

yuxi sáhma harapo

yuxi stáā pedacito de tortilla

yuxi yúnu aserrín, raja de ma-
    dera

yúyú gota, rocío; rociado
  cosō yúyú rociar
  tóo yúyú gotear en gotas
    finas, rociar

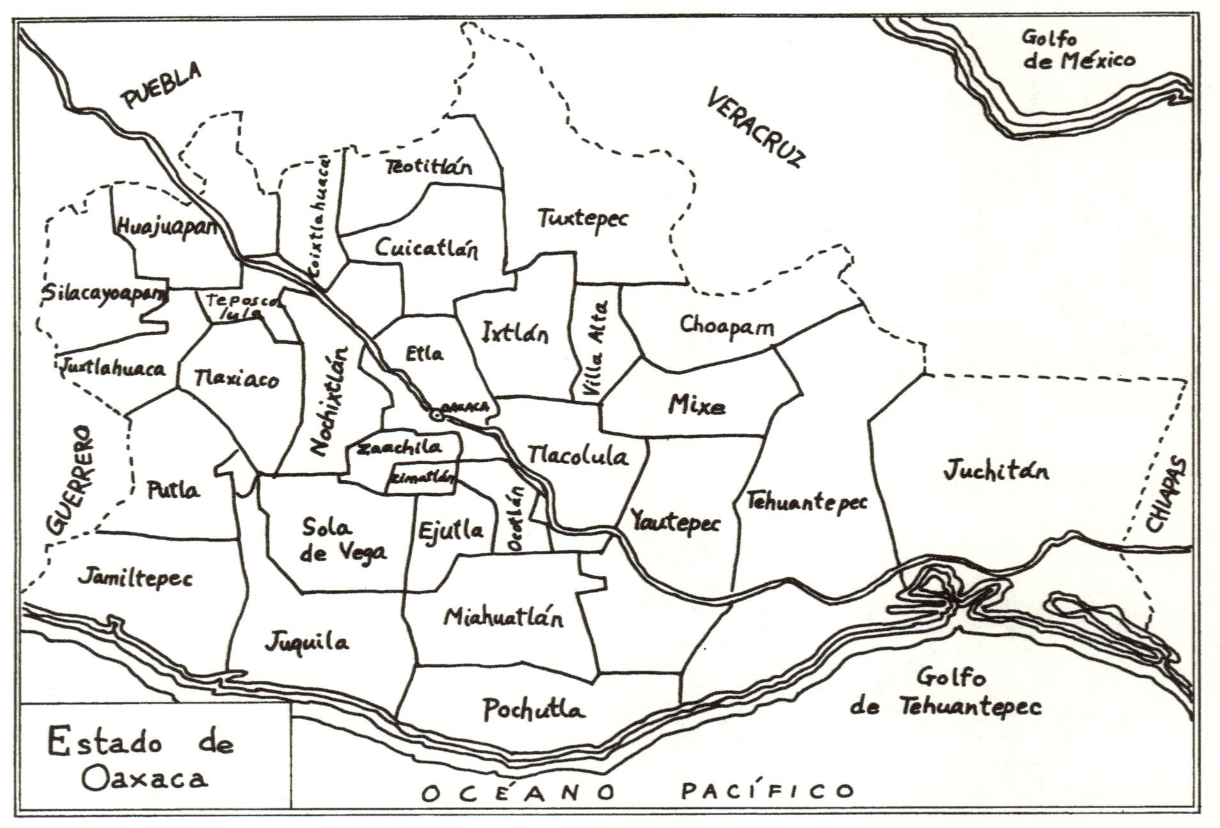

Golfo de México
PUEBLA
VERACRUZ
Golfo de Tehuantepec
CHIAPAS
OCÉANO PACÍFICO
Huajuapan
Silacayoapam
Coixtlahuaca
Teotitlán
Cuicatlán
Tuxtepec
Juxtlahuaca
Tlaxiaco
Teposcolula
Nochixtlán
Etla
Ixtlán
Villa Alta
Choapam
Mixe
GUERRERO
Putla
Zaachila
Zimatlán
Tlacolula
Juchitán
Sola de Vega
Ejutla
Ocotlán
Yautepec
Tehuantepec
Jamiltepec
Juquila
Miahuatlán
Pochutla
Estado de Oaxaca
OCÉANO PACÍFICO

REPUBLICA MEXICANA
ESTADOS UNIDOS
RIO BRAVO
GOLFO DE MÉXICO
OCÉANO PACÍFICO
GOLFO DE CALIFORNIA
BAJA CALIFORNIA (TERR. DEL SUR)
MEXICALI
LA PAZ
SONORA
HERMOSILLO
CHIHUAHUA
CHIHUAHUA
SINALOA
CULIACÁN
DURANGO
DURANGO
COAHUILA
SALTILLO
NUEVO LEÓN
MONTERREY
NUEVO LAREDO
ZACATECAS
ZACATECAS
SAN LUIS POTOSÍ
SAN LUIS POTOSÍ
TAMAULIPAS
CIUDAD VICTORIA
NAYARIT
TEPIC
JALISCO
GUADALAJARA
AGUASCALIENTES
GUANAJUATO
GUANAJUATO
QUERÉTARO
QUERÉTARO
HIDALGO
COLIMA
MICHOACAN
MORELIA
MÉXICO
PUEBLA
PUEBLA
TLAXCALA
GUERRERO
CHILPANCINGO
ACAPULCO
OAXACA
OAXACA
VERACRUZ
JALAPA
TABASCO
VILLAHERMOSA
CHIAPAS
TUXTLA
GOLFO DE TEHUANTEPEC
CAMPECHE
CAMPECHE
YUCATAN
MÉRIDA
QUINTANA ROO
HONDURAS BRITÁNICO
GUATEMALA
GUATEMALA
HONDURAS
EL SALVADOR
SAN SALVADOR

VOCABULARIO
CASTELLANO-MIXTECO

A

abajeño   chāa costa, chāa ñuū cáhni, chāa cuátí

abajo   ichi chíi, ichi véé, nuū jáhā
   boca abajo   cutúu ndée
   está abajo   cándee ichi chíi
   de arriba abajo   ondē xinī te ondē nuū jáhā
   abajo del árbol   jahā yúnu

abandonar   xndóo, squéndōo

abaratar   xnúu
   lo abarata   xnúu-de yāhu

abarca   ndijān ñíi

abarrotar   sáha nīhin, cuhnī vāha
   él lo abarrota   sáha nīhin-de, júhnī vāha-de

abarrotes   jā yée-yo
   tienda de abarrotes   vehe nuū jáan-yó jā quée-yo

abatido   xíí iní, cúcuíhā iní
   él se abate mucho   ndúcuíhā xaān iní-de, cúxíí iní-de

abdomen   chīi-yó

abeja   tīmii
   abeja de colmena   tīmii ñuñū

abejero   chāa ndíto tīmii

abejón (o abejorro)   tīmii líhlo tīmii náhnu

abertura   nuū núña, nuū quívi -yó, iin yaū, iin yuxéhé

abiertamente   jā núña ndáhá, jā stáhān ndijīn, cájí

abierto   núña, tú ndíhū

abigarrado   jā cáa cháquí, jā quíndi iī, tinī nuū color

abigeato   jā sácuíhná quíti

abismo   nuū ndeya, tūnchi cúnú, iin yaū

ablandar   sávītá, xndúvītá
   se ablandó   nī nduvītá

abofetear   chuhun jíquí táhan

abogar   cahān jahā, sándaā

abolir   ndahvā, xnáa

abollar   schahmā, cuaxīn
   él lo abolla   scháhmā-de, jaxín-de

abominar   coto uhū, squéhichī
   él le abominará   coto uhū -de-i

abonado   ñuhun íó jāhan, ñuhun jáhán

abonanza   cuāndumanī iní, sáha tūhun vēe iní, cuācunáhín

abono   jāhan; jā jáhnchā yacū yacū

aborrecer   coto uhū, cunī uhū nuū táhan, squéhichī
   él me aborrece   jíto uhū-de -ná, squéhichī-de ruū

abotonar   jaa luhu; nachihi
   abotona (la flor)   jáa luhu itá
   abotona (la camisa)   náchihi -i botone

abozalar   nachuhun-yó ñúñu yuhu xndíquī, nacuhnī-yō yúhu-tí

abrasar   cahmu, nacahmu
   él lo abrasa   jáhmu-de, nácahmu-de cuhū
   la casa se abrasó   nī cayū vehe

abrazar   nanuu táhan; cunu nchaā
   él le abraza   nánuu táhan-de; júnu nchaā-de-i

abrevar   scóho, caquīn nducha
  él lo abreva   scóho-de-tī,
    jaquín-de nducha núū-tī

abreviar   naxndíyi, nasáha lúlí
  -gā, nasáha cuítí

abrigar   ndii ticāchí
  se abriga con sarape   ndíi
    -de ticāchí
  me abrigaba de la lluvia   nī
    tuhma-ná nuū saú
  abríguese bien   cundii váha
    ní pañú-ní

abrir   cuña, ndicā
  ábrelo   cuña-ró
  abre la boca   ndicā-rō yúhu
  está abierto   núña
  se abrió de nuevo   nī nanuña

abrochar   nachihi, nacuhnī

abrojo   iñu xáān, nchāu

absceso   cuañūhún, tāha

absoluto   jā ndáā cuiti, jā ndáā
    ndija

abuela   naná ñúū, naná ñáhnu

abuelo   tatá ñuū, tatá ñáhnu

abundante   cuahā xáān

abundar   nduu cuahā, nandeā,
    ndaa-gā

aburrir   nduu ichī inī, cuníni
    iní

abusar   sándivāha

acá   yáha

acabado   jā ní ndihi, jā ní jīta

acabar   sijínu, xndihi, stúhū
  acabo de llegar   sácá ní
    nchaā-rī
  se acabó   nī ndihi
  se está acabando   cuāndihi
  acabé mi trabajo   nī sijínu
    -rī tiñu-ún

acantilado   nuū ndichí xaān

ácaro   ticáta

acarrear   ndiso, scuíndiso

acecinar   sáha tasajo

acechar   coto yuhu

él le acechaba   nī jito yuhu
    -dé-i

acedía   nducha íá

acelerar   sáha yachī, scáca
    yachī

aceptable   jā váha, jā níhīn
    tiñu, iin jā cúsiī iní-yō

aceptar   cuatáhú, cuatúhún
  él lo acepta   játáhú-de,
    játúhún-de

acerca de   nā siquī cúu, siquī
  no sé nada acerca de eso
    tú jiní cuiti-rí siquī yúán

acercar   candita, cuyani,
    canduū
  él lo acercó   nī scándita-de
    ún

ácido   jā íá, atu yée

acidular   sijiá

aciguatado   jā ní cuu cuáán-yō
    sáha cuehē

acirate   xéhñú ñúhun, raya ñuū

aclamar   cahān jaa, nacana jaa

aclarar   castūhún cájí, stáhān
    ndijīn

aclimatar   cāan
  aclimatamos   cáan-yó
    cánchaā-yō ñúū

aclocarse   nucosō chúún,
    ndecūhun-tī

acodiciar   ndio inī

acogombrar   nañuu itū

acompañar   chindéé táhan,
    quihīn jíín
  él me acompañó   nī chindéé
    táhan-de jíín-rí, nī jahān-de
    jíín-rí

aconsejar   chuhun íchí, scáhān

acontecimiento   jā ní cuu, jā
    ní īo

acopiar   nastútú, cayā

acordar   squétáhan tūhun, nduu
    iin núú inī
  ¿se acuerda Ud. de esto?
    á náhán-ní yūán

se acordó   nī nucūhun inī-de
están de acuerdo cáhīo iín
  núu inī-de

acortar sáha cuítí, sáha
  lúlí-gā, xnúu cūha

acostar nungāva, jungāva
  lo acostaron nī cāsungōo
  -de-i
  está acostado cátúu-i

acostumbrar cāan

acotillo tihlu

acrecentar scuáhnu, scáa-gā,
  xndeá-gā

acribar síjin

acriminar stáyāhu, chaa-yó
  cuáchi síquī ingá-i

actadamente jā cóo jíñúhún-yó

activar scuítú iní, scáca,
  scáhān, scandá táhan

actual jā íó vitan ñúhni, jā íó
  ndijīn ndaā, jā á ndéhé-yó
  nuū

acuclillarse cunchaā síhí
  se acuclilla cánchaā síhí-ña

acucharado jā cáa ticásí, jā
  cáa tíxíhú

acumular chivāha, nastútú,
  cayā

acuoso lácuá, ndehyū lácuá

acusar cacān cuāchi síquī,
  nacuxndíí síquī, chísó uhū

achacoso jā cúhū, jā tú íó
  ndanu, jā cáa tícuínu

achaparrado liquī, tú súcún

adelantar cuxnúú, canduū
  él se adelanta yóxnúú-de,
  cánduū-de

adelante ichi núū, ichi ndácu

adentro inī, chīi, māhñú
  ¿qué está adentro? nāún
  ñúhun chīi
  vamos adentro quihīn-yō
  íchi iní

aderezar sátūha, sácútu,
  sávāha

adherir chitīin, stíin, cutīin

administrar táhú tiñu, ndiso
  tiñu
  él administra táhú-de tiñu,
  ndíso tiñu-de

admirar naa iní-yō ndéhé-yó

admitir cuatūhun
  él lo admite játūhun-de

adnado sēhe cáhnu, sēhe uū

adnata nduchi cuíjín-yó

adobe ndōho

adolorido úhū, jatú, yáji
  níhni, jiquín nuū, cucácán

adonde ndénū, ndéchi

adoptar naquihin séhé

adormecer scusú

adormecido jā jíhī numāhná

adornar sáluu, sácútu

adquirir nihīn
  él lo adquirió nī nihīn-dé

adular cahān vixī

adulzar sáha vixī jíīn azucar

adversario chāa jíto uhū yóó

afán jā jítú iní-yō, jā yachí
  inī-yō

afeitar sēté

afilado jā xáān téyíí

afilar nandaquīn, nasáha xaāṅ
  él afila el filo nándaquīn-de
  yuhu yuchí
  él afila el lápiz nándaquīn
  -de xinī lapí

aflicción tundóho jíto-yó

afligir xndóho
  se afligió táhuhū inī-ña

aflojar stáhyā, nastayá,
  squendōo jinu

afuera yatā quéhe

agacharse jucuīta ndee
  él se agacha júcuīta ndee-de,
  jáxin-de nuū-dé
  agache la cabeza scái-ní
  xinī-ní

agarrar tiin nīhin
  agarre Ud. la cuerda cutiin
    -ní yoho
  me agarró el catarro nī
    tiin cuehē sāyú ruū

ágil ñamā, yachī
  él es ágil de movimientos
    ñamā xaān chāa-ún
  tiene una inteligencia muy
    ágil ndito xinī-dé, yáxín
    xinī-dé

agolparse caxīn, taxīn, taū,
  ndutútú
  se agolparon nī cājaxīn
    táhan-i

agradar jatahān inī

agravar sácáhú, víhí-gá sáha
  se agrava cáhú-gā cuahān,
    vēe-gā

agregar chísó-gā, xndée-gā,
  xndáa-gā

agrio íá

agua nducha
  agua bendita nducha īī
  agua cruda nducha yíhí,
    nducha jíca
  agua clara nducha ndóo
  agua tibia nducha vixí
  tiempo de aguas vico sáú
  viene el agua vāi saū,
    vāi-chā

aguacatal nuyísí

aguacate tīchi

aguacate

aguacero saū xáān

aguacil chāa ndíso tiñu,
  policía

aguadero nuū ñúhun nducha

aguado lácuá, cuíí

aguamiel ndūxi yau

agudo jā xáān, jā cuáñú punta

águila ihā chócó, yachócó,
  yañáhmu

aguililla ndiñúchi

aguja yiqui tícuí

agujerar caān, chihi, cújí
  agujera cáān-de yau, chíhi
    -ña, cújí-i yunu

agujero yau

ahí yúan

ahijada, ahijado sēhe ndúchá

ahijar naquihin séhé

ahogar xnéhnē, scuáhñá
  se ahogó nī ndaquīhvi xinī-í,
    nī nehnē-i

ahora vitan ñúhni, vina-ni,
  vina nchaa

ahorcar scuáhñá, cata caa

ahorrar cayā, chivāha
  hemos ahorrado mucho dine-
    ro nī cācayā-rī cuahā
    xúhún

ahumar chiñúhmá, sáha ñuhmā
  él lo ahuma chiñúhmá-de
  se ahuma ñuhmā sáha

ahuyentador titúún

ahuyentar scúnu

aire tachī

ajeno ndatiñu ingā ñáyivi

ala ndijīn-tí

alabar nacana jaa, sáha ñáhnu

alacrán tīsuhma, līsuhma

alacrán

alargar chísó cánu, sáha
  cáni-gā, xndée-gā

alba ticuáán-nā, jā cuácundijīn

alboroto jā cúvaā ñāyivi, jā
  cásáha-i tixīn

alcancía iin nuū chívāha xūhún

alcanzar quitahān

aldea ñuū lúlí

alear catu
  alean cácatu ndíjín-tí

alegrar cusiī iní

alejar quihīn jícá
  se alejan cuahān jícá-i

alentar cahān ndéé, sásiī iní,
  nanihīn iní-i sáha-yó

alfarero chāa sáha quīyi

alfolí vehe yívāha nunī, yacā

algo yacū, iin táhú-ni, sava-ni

algodón cachī

alguien iin ñāyivi

aliento tachī-yō

aligerar sáha ñamā

alimentar squée, scáji

alimento jā yée-yo

alisar sálii, nasándaā

alma añú

almorzar casī iní
  almorzamos jasí iní-yō

almud nundóó, iin cūha chí-
  cuāhá

alquilar cuāha núu, cuāha jícá

alrededor nií jícó ndúū, nií xíín

alterar nasāma

altercar státáhan, xndichí
  táhan-yó

alto súcún
  edificio alto vehe súcún
  un alto empleado del Ministro
    chāa xíní
  los precios son muy altos
    ncháá yāhu téyíí

habla en voz alta cáhān
  jaa-de
está en lo alto de la colina
  cándee ondē xinī yúcu

¡alto! jucuiñī-rō

alumbrar stúūn, xndeyú,
  stáhān ñuhūn

alumno sūchí scuáha

alumno

alzar nducani, xndáñaa, scáa
  él alzó los ojos nī ndacoto
    -de
  se alzaron contra el pueblo
    nī cāndonda-i siquī ñúū-ún

allá yúan
  por allá ichi yúan, ondē yúan

allegar ndutútú
  allegaron nī ndutútú-i
  lo allega nástacá-i, nástútú-i

amanecer cundijīn
  amanece cuācundijīn

amante chāa jíca ndahū, chāa
  cúmanī jíín iin ñahan

amapola itā ndicāndii

amar cundáhú inī
  le ama maní-de jíin-i,
    cúmanī-de jíín-i, cúndáhú
    inī-de-i

amargo uā

amarillo jā cuāán
  amarillo bajo jā cuāán tíyáa

amarrar cuhnī
  lo amarra júhnī-de
  está amarrado núhnī-tí

amasar quiti, sácá núu, caxin,
  sáyúján

amate yunu cuíi jā íó ñuū cáhni

ambos ndendúú

amedrentar siyúhú, scuní ío

amigo iin táhan-yó, ñāyivi
    maní-yō jíín

amo chāa xíín ndatíñu, jitohō,
    chāa ñávāha tiñu

amohecerse cūxi

amolar quiin, nandaquīn

amole tinduhū

amonestar nachuhun íchí táhan,
    cana jíín nuū táhan, scáhān
    táhan

amor tūhun cúndáhú inī, tūhun
    manī iní

amplio cáhnu, jichá, jā núña
    ndáhá

ampolla chicha

amurcar cújí, chindíquí

Amuzgo, Oax. ñuñamā

anatema tūhun tásí, tūhun
    táhnū ndatū

anciano chāa nī yii, chāa ñáhnu

ancho jichá

andar caca
    él está andando jíca-de
    ¡anda! caca cuáhán
    anda a gatas jíca ndee-i
    anda paseándose jíca cuu-i
    anduve nī jica-rī
    ir andando caca jáhá
    el niño anda en siete años
        a nī quīvi-i cuiā uxiā
    él anda de espaldas jíca
        yátá-de

angosto tuū, lúlí, tii, jā cuíñi
    lahlī

angustia iin tundóho túún, jā
    ndúcuíhā inī-yō, jā táhuhū
    inī-yō

anhelar cuñucuu inī, cuu inī,
    chaa inī

anillo xehe

animal quiti

anisillo yisī ñúhún (una planta)

anoche cuni

anochecer cuācuaa, cuācux-
    quihvī

anona ndoco íñú

antaño andujīn

anteanoche acuáa ícu ñúū

anteayer icu ñúū

antepasados tatá ñúū-yō, ndīyi
    táā-yō

anterior jā sándīhí-nā

antes xnahān-gā, xnáñúú-gā

antiguo jā tūhú, jā áva, tiñu
    anáhán

antojarse jīhó

antojo tíndí-i, jíhvá-i, jā caní
    xaān iní-i

anual nuū cuiá nuū cuiá,
    nditahān cuiā

anublado jā íin vicō andíví

anublar chaā vicō, nataan vicó

anular ndahvā

anunciar cani tūhun, cachā
    tūhun
    él lo anunció nī jani-de
        tūhun, nī jachā-de tūhun
        cuahān

añadir chísó cáhnu, xndáa-gā

añejo jā áva

año cuiā
    año nuevo cuiā jáá
    año pasado andujīn
    tiene dos años íó-i uū cuiā,
        a nī xndīhi-i uū cuiā

apaciguar sámanī táhan

apagar ndahvā
    apague la luz ndahvā-ní
        ñuhūn
    se apagó nī ndahvā máá

aparecer ndenda, cana, nana
    no apareció tú ní quénda-de

apartado jā ní ndusūn, jā íó
    sūn

apartar sásūn, stéhndē

leopardo
canguro
elefante
cebra
tigre
puerco espin
ballena
koala

aparte síín, jã cánchaã síín

apedrear cuãha yuū, cotō yuū
  apedrean cájāha-de yuū, cá-
  jotō-i yuū

apellido síhví vehe táā-yō náā
  -yō

apenas sácá vína, sáá
  apenas puede andar sácá
  vína cúu jíca-i

apestoso jáhān xicō, aquí
  jáhān, iní jáhān

aplastado jã ní taxín, jã ní
  chahmã

aplaudir catu ndáhá

aporcar nañuu-yó itú

aporrear cani, sucu
  aporrea los frijoles cáni-de
  nduchi

aposento iin vehe quíhin núu-yó

apostema cuañuhún

apoyar chindéé táhan, chindéé
  chítuu, cuãha núu ndaha

aprender scuáha, nihín, cotūha

aprestar sátūha

apretar sáníhin, cuãxin níhin,
  taan níhin

aprisa yachí, ñamã

aprisionar chindee-yó vecãa

apurarse ndúcú ndéé, cuyachí

apuro tundóho

aquejar cahān sóó, cutucu iní,
  cusíín iní

aquél yūán, máá-ún
  aquel hombre máá cháa-ún
  aquella casa vehe-ún

aquí yáha

arácnido chúxa, tiyúxa

arada ñuhun ní natahū

arado latú

arador ticuãhá (insecto)

araña tindóo

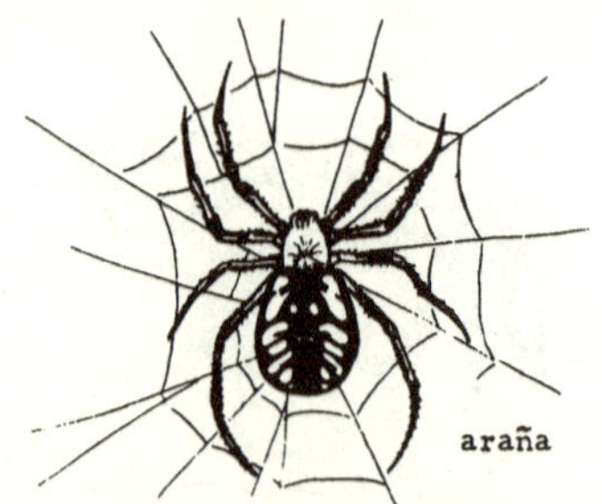

araña

arañar ñii, scuíí, scúnchaca

arar cutu, saca, natáhú
  él aró ayer ní jitu-de icu

árbol yunu

arbusto yucū

arca janū

arcilla ñuhun quíxín

arco iris ticō yēhndé

arder cayū
  arde de dolor yáji níhni

ardilla cuáñu

ardor níhní xáān

arena ñītí

arenoso tiñītí, ñuhun ñítí

arete siquí sōho

árido jã téhé, ñuhun ríí, ñuhun
  íchí

armadillo yaquin

artejo yiquí cáñutáhan xiní
  ndáha-yo

arveja nduchi tílúú

arraigar nacuiquín, natíín,
  ndee yoho

arrapar sácuíhná
  fue arrapado ní ndoyo

arrastrar ñuhun
  va arrastrándose ñúhun-i
  máá-i cuahān-i, jíca ndee-i

arreglar sándaā, sátūha

arrendar quihin núu, cuatíñu
  tatú

arrepentir nacani inī, naxíó cáva inī

arriba ichi siquī, ichi nínu, ondē nuū súcún, ondē xinī

arrimar scándita, canduū

arrodillar jucuiñī jītī

arrogante jā cújáhā inī, jā sávixī máá

arrojar squée, scána

arroyo yūcha

arrugar stihyī, sáha tíchíngó

arrugas (de la cara) jā nī natihyī nuū, jā nī yohlō yuhu

asar scasún, stáú

ascender caa, ndaa

asco jā sáquini inī, quini jáhān

ascua ticuāa ñuhūn

asear sándoo, sáluu, sácútu

asegurar sánihin, sácútu

asentar súngōo

aseo jā íó ndoo

aserradero nuū xīti yúnu, nuū táva-dé tablón

aserrín yuxi yúnu já cóyo yuhu sierra

asesinar cahni-yo ndīyi
 él le asesinó nī jahni-de iin ndīyi

asesino chāa jáhni ndīyi

asī súan, sua

asiento teyū, iin yuū núngōo-yó

asimismo suni súan, súan

asir tiin-yó

asolar xnáa ndihi, stuchá tācá ndatíñu

asombrar naa inī-yō ndéhé-yó, quee nuū-yō ndéhé-yó

asordar sáha sóhó

áspero jā ndáí, jā yándá

asqueroso jā cháhán, jā quíni

astilla yunu táhú

astro tiñúú xíni, ndicāndii jíín yóō, tācá jā cáhīin andívī

astrólogo chāa scuáha quiti andívī

astucia jā sáha mañá, jā xndáhú

atado jā nī cunuhnī, jā ndiquín

atar cuhnī
 atamos júhnī-yō

atardecer ini
 atardece cuāhini
 atardeció nī ini

atareado jā íó cuahā xáan tiñu, jā cútéñu-yó

ataúd janū ndīyi

aterrizar jungōo, jinū

atesorar cayā, chivāha

atezar sátúún

atiesar slíli, cuyúnú

atole nducha yúján nunī yīhī

atónito jā cánaa inī-yō cándēhé-yō

atontado jā nī cuñáá-i, jā xiní ñáá

atrás ichi yatá

atravesar cuīso, cutúu
 atravesó el río nī jīso-de yūcha
 se atravesa cátúu ndíjin

atreverse chundéé inī, tava inī
 se atreve chúndéé iní-de, táva iní-de cáhān-de, tú yúhú-de

atropellar cacūhun táhan, cuañū jahā

aullar cuihān, ndehē cóhó, cana cóhó

aumentar xndeá-gā, xndáa-gā, chísó-gā, scáa-gā

aun, aunque vāsa, vāsa súan

ausente   jā tú cánchaā, jā índee
jícá

automático   jā sáha iī-ní máá

autoridad   tohō, chāa táhú tíñu,
chāa ndíso tíñu

avaricia   jā tóó iní, jā ndío inī

ave   quiti ndíso tūun, tisaā

aventador   vīchi

aventar   xndéché, caja
aventamos el trigo   xndéché
-yó triú
aventamos la lumbre   cája
-yo ñúhūn

avergonzar   cuca nuū
él se avergüenza   cúca nuū-í,
cúñāhán inī-i
él le avergüenza   jáha-de
tucā nuū-í

aviejarse   cuyii, cuñáhnu
él se aviejó   nī yii-de
se avieja   a cuāyii-de

avisar   cástūhún, cani tūhun

avispa   tīmii tindacā, tiyocō
tiñūhmá

avispa

áxila   chixehē

ayer   icu
anteayer   icu ñúū

ayo   chāa stáhān, chāa stúha
sūchí

ayudador   chāa chíndéé táhan
jíín-yó, chāa jáha núu ndaha

ayudar   chindéé táhan, chindéé
chítuu

ayunar   coo ndichā inī
él está en ayunas   íó ndichā
inī-de

ázimo   tú yīhi yujan íá

azotar   scúun, cuāha, sucu

azul   ja nchāá

B

baba   nducha cání yuhu-í

bailar   cata jáhá
ellos bailan   cájita jáhá-i

bajar   xnúu, scúun
él lo baja   xnúu-de-ún,
scúun-de-ún
se bajó   nī nuu, nī cuun

bajo   jā yínuu, ichi véé, ichi
chíi

balde   súan-ni, sáni-ni, jā jáha
sáni-yó

bandeja   tīcoco

banquero   chāa ndíso tiñu vehe
banco, chāa xndái xūhún

banquito   teyū

bañar   cuchi
ya se bañaron   a nī cājichi-i
ella baña al niño   scúchi-ña
-í
está bañándose   jíchi-i

barato   jā cāhá, tú yahu

barba   ixi núū, ixi chíi xāa

barbacao   cūñu jīnú

barbechar   sáha ndajīn

barbecho   jā chúhun ndajīn

barcia   tīca

barranca   xahvā

barrer   nastáa
ella barre la casa   nástáa-ña
véhe

barriga   toco, chīi

barro   ñuhun quíxín; tiyūján

bastante   jā cuáhā, tú cúmanī
cuíti

bastar   coo cuahā, coo ndichā
-nā

basura   cuayo, mīhín

batalla   jā cájatáhan-i, jā
  cútixin-i

batir   sácá núu, quiti, cani

baúl   janū

bautizar   scuánducha
  él le bautiza   scuánducha-dé
    -i
  yo fuí bautizado   nī janducha
    -rí

bazo   cāa

beber   coho
  ellos beben   cájihi-de
  le da de beber   scóho-de-i
  él no bebe   tú jíhi-de

becerro   chelu

bejuco   yoho yúcu

bello   luu, vāha, joscó, sihlū

bellota   chihndū

bendecir   sáha iī

bendito   jā ndatú xaān, jā īī

benévolo   jā ndáhú inī, jā váha
  inī

benigno   jā ndíso tūhun cúmanī
  inī

beodo   jā nájīni, chāa cáhvá

bermejo   jā cuāhá

berra   nduā jatú

besar   tiyúhú, titū

bestia   quiti, quiti xáān

bien   vāha

bienal   nuū úū cuiā

bienes   ndatiñu ñávāha-yó

bigote   ixi yúhu

bilis   nducha cavá

bisabuela   naná ñúū súcá

bisabuelo   tatá ñúū súcá

bisnieta, bisnieto   sēhe tijání
  súcá

blanco   jā cuījín, quiyī, yaa

blandear   sávītá

blando   jā vītá

blanquear   sáha quiyī, sáha yaa

blanquillo   ndivī

blasfemar   cahān ndivāha xaān

blondo   ixi pīī

blusa   suhnū sihí

boca   yuhu-yo

bocado   iin yúhú

boda   vico tándaha

bodega   vehe nuū yívāha ndatiñu

bofe   tiñahmā, tichahmā

bofetada   jā squívi-yó jíquí nuū
  táhan

bonito   luu, joscó, sihlū, vii-ní
  cáa

boquito   yuhu lúlí

borde   yuhu
  (del pueblo)   yuñúū (yuhu ñúū)
  (de la tela)   yusáhma
  (del río)   yundúcha

borrachear   xnájīni, najīni

borracho   chāa nájīni, chāa
  cáhvá

borrar   ndahvā

borrego   rii, lélú

borregos

borreguito   rii lúlí, lélú

bosque   yucu, nuū īin cuahā
  yúnu, cuhū

bostezar   cuū-yō númāhná
  bosteza   jíhī-i numāhná

bóveda   vehe añú

bozal   ñunu xndiquī

brasa   ticuāa ñuhūn

bravo   xaān, tú yúhú-i

brazo   ndaha-yo

brea sūsia

breve cuítí, iin nú núu-ni, tú
cáni

brillante jā ndíi nchaā, jā ndíi
ndáxín

brillar nandii, ndeyū, tuūn,
taja

brincar canda, quendava,
ndava

brotar (la flor) jaa itā
(el agua) cana nducha

bruja sucūn yūhú, jā sáha tásí

brujería cuehē ndácu, jā sáha
tásí, jā jócon yiti

buche yejā chuún

buenas noches tarasióō

buenas tardes tā ní ini

buenas tardes (a las doce)
tāí xuū

bueno vāha, vātu-ni

buenos días tāá ndii

buey xndiquí

buho tīñuu

buitre tijií

bulbo titi itá, ñahmū

bule chahā, tiyahā

burla tūhun ndiyī

burlar sácátá, cahān ndiyī,
sándiyī

buscar ndúcú, nandúcú

C

caballero chāa

caballo cuayú

cabello ixi xiní-yō
cabellos de elote chete

cabelludo íxí, jā cáa ticōto

caber canda
no cabe tú cánda

cabeza xinī-yō

cabra chaquí ndixíhú

cabrito lítú

cacahual yunu suhā

Cacahuatepec, Oax. yucu súhā

cacao suhā

cacarear cana jíín líhli, cata
chuún

cacerola tijahān

cacique chāa cúñáhnu iní ñuū

cacomixtle ndicuíñi

cacto vihnchā sáquí

cachete yiqui núū-yō, nuū-yō

cada iin iin
cada uno ná iin ná iin
cada vez ndítahān jínu
cada día ndítahān quiví

cadáver ndīyi

cadera caha

caer nduā, jungava
lo dejó caer nī ndendáhá-i
se cayó nī nduā, nī jungava
no se cae mā nduá-ní

caja janū

cajete cohō yúū

cal cacā

calabaza yiquin

calamidad tundóho, tamā,
cuehē

calavera yiqui xiní-yō

calcañar, calcañal xuū síhyi
-yó

caldo nducha mínu

calentar súvixī
ella lo calienta súvixī-ña
se calienta ndúvixī

calentura quīji
tiene calentura yíhi quīji-i

caliente níhní

calofriarse cuinu

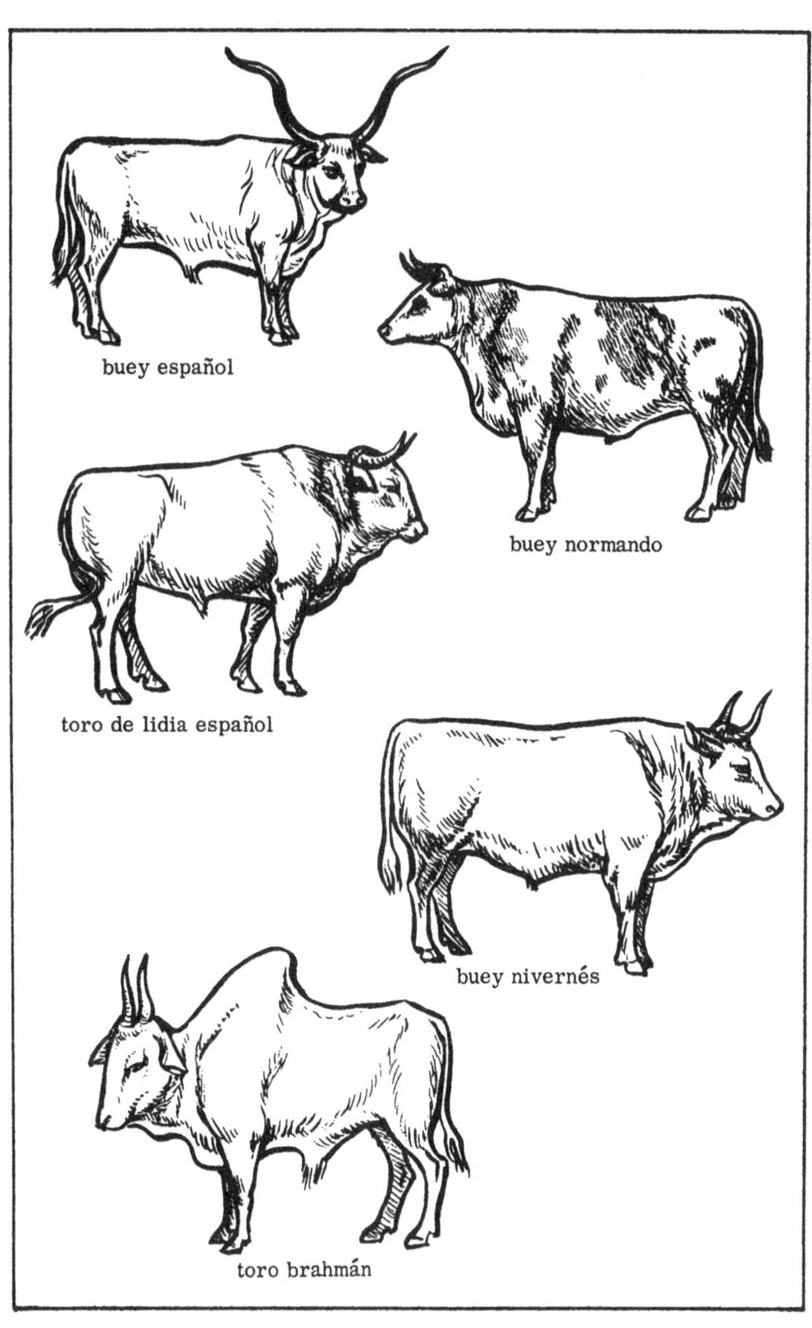
buey español
buey normando
toro de lidia español
buey nivernés
toro brahmán

se calofría cuínu-i, jihi-i cajin, jáhnū-i

calofrío cajin

calor cahni, jā nīhnī

calvo téhé, tú ixi íó

calzar quīhvɨ ndijān
él calza yīhi-de ndijān

callado náhín yúú-ni

callar cunī náhín
cállate casū yuhu-ro, cuni náhín-ró
él calló nī jini náhín-de

calle yāhya

cama jīto, jīto yuu

camaleon ndeñúñú

cambiar nasāma, xndái
se cambió nī nduu tucu, nī sāma
cambie el dinero xndái-nī xūhún

cambio xūhún cuáchī

cambista chāa xndái xūhún

caminar caca
están caminando cájica-de

camino ichi
se pone en camino náquihin -de ichi

camisa suhnū chāa

camote ñahmū, nduhu, tɨtɨ

campana cāa cáxín

campesino chāa sátiñu itū

campo nuū cáa itū, nduhā ndaā

campo santo ñuhun ñáñá, ñuhun núū cúndūji ndɨyi

canas vīxi

canasta jīca

canción yaā jīta-yó

candela yitɨ ñúmá

canilla yɨquɨ náni sɨhɨn-yó, yɨquɨ ndóó

canoa nundóó

canoa

canoso tɨvīxi

cansar cuītá

cantar cata
están cantando cájita-i yaā

cántaro quɨyi

cántico yaā iī jīta-yó

cantidad cūha, nāsaa

cantina nuū cúyāhu ndɨxī

cantor chāa nácuatu

caña (de maíz) ndoō itū
(de azúcar) ndoō stilá

cañamiel ndoō stilá

cañería jīchi nducha

caño jīchi nducha

capote tɨxīi

caprichoso nīhin inī, súchī tɨxɨn

capulín ndehē tɨtúūn

capullo tiñāhmá

cara nuū-yō

caracol coō ndīquɨn

caracol

carbón   ticāi

carbonero   chāa táva ticāi

carcajada   jā jacú ñáá-yō

cárcel   vecāa

carcelero   chāa ndíto vecāa

carda   cāa íxí

cardar   chuhun-yó cāa íxí

cardo   iñu quími

carecer   nandihi, cumaní nuū, nduñúhún

carga   jā vée ndíso-yó
  bestia de carga   quiti ndíso

cargador   chā ndíso ndatíñu

cargar   ndiso, scuíndiso
  lo cargó en el animal   nī chaa-de siquī-tí

caridad   tūhun cúndáhú iní táhan

carne   cūñu
  carne sin hueso   cūñu ndáá
  carne asada   cūñu jīnú

carnero   cūñu rīī

carnicería   nuū cúyāhu cūñu

carnoso   cūñu ndáá

caro   jā yáhu ncháá

carpintero   chāa túji yúnu

carrizo   nuyōo

casa   vehe

casarse   tandaha
  se casaron   nī cātandaha-í

cascabel del crótalo   xohō

cascada   xahvā nuū cóyo nducha cuáhā

cascada

cáscara (de fruta)   soō ndehē
  (del huevo)   yiqui ndiví
  (del árbol)   tiyacuā yunu
  (de la calabaza)   titehē yiquin

casco (del animal)   tehē-tí

casi   a yani, yacū-ni, iin táhú -nā

caspa   tijahā, tiyaā

castigar   xndóho

catarro   cuehē xīní, cuehē sāyú

catorce   uxī cuūn

cautivo   chāa índee vecāa, chāa yíndasū

cavar   cacha
  él está cavando   jácha-de chīi ñuhun

caverna   tūnchi, yaū cava yīhi quiti

cazador   chāa jáhni isó

cazar   quīcahni-yo isó
  él está cazando conejos   cuācahni-dé iso, ndúsú-de isō, xīní-de isō

cazuela   tijahān

cebar   xñéñu, xndúu

cebo   xāhan quiti

cebolla   ndīquin

cecina   cūñu tasajo vītá

cedazo   tiyihvī síjin-yó

cegar   cuaa
  me ciega   súhú nuū-rí

cejas   sucā-yō

celoso   cuīñí, cuásún iní

cena   xíni
  cenamos   cuxíni-yó, quee-yo xíni

cenar   cuxíni

cencerro   cāa cáxín jā cúu xndiquī

cenegal   ndōhyo

73

ceniza   yaā

censurar   cuxndíi siquī táhan,
   xndónda siquī, coto yuhu

centro   inī, māhñú

ceñidor   sánchīi, vatū

ceñir   cunuhnī chīi

cepillo   ndācu lúlí, yōcón

cera   ñumā
   vela de cera   yiti ñúmá

cerca   yani

cerdo   quinī, cuchí

cerebro   meque xiní-yō

cereza   ndehē titúūn

cerner   síjin

cervato   sēhe isū, mítú, lítú

cerviz   casucún

cerrado   ndasú, ndíhū

cerro   yucu súcún, tinduū

cesar   jucuiñī, cunáhín

cicatriz   tisohō

ciego   cuáá

cielo   andíví

ciénaga   ndōhyo

cienpies   chócó ndáha

cierto   jā ndáā cuiti, jā ndáā
   ndija

ciervo   isū

cigarro   inu

cinco   uhūn

cincuenta   uū xico uxī
   cincuenta centavos   cuūn
   xúhún

cintura   xiin-yo, xiin chíi-yó

cinturón   sánchīi ñii

circular   jā cáa tiyuū; jā jícó
   ndúū

ciruela   ticāhvá

ciudad   ñuū

ciudadano   ñāyivi ñúū-yō

clamar   cana jaa, cana cóhó

clara del huevo   ndiví cuījín

clarear   cundijīn

claridad   jā jíto xúhún

claro   cájí
   agua clara   nducha quiyí,
      nducha cuíí
   es muy claro   cájí jā súan
   es un día muy claro   nánuña
      ndáhá vína

clavar   cuāxin
   él lo clava   jáxin-de ndūyu
      cāa

clavícula   yiqui chóhō-yō

clavo   ndūyu cāa

clueca   chūquí yóso ndiví,
   chūún jā ní ndecūhun-tī

coa   yatā cáa

coagular   nduu yúú

cobija   ticāchí

cobrador   chāa jicán xūhún nuū
   tāhú, chāa stútú xūhún

cocer   schóho ndeyu
   ella cuece   schóho-ña ndéyu
   está cocido   a nī chohō

cochinilla   nducun

cochinito   tīcu

cochino   cuchí, quinī

codicia   jā ndío inī-yō, jā tóó
   iní

codo   xuū jití ndáha-yo

codo (una medida)   iin yíquí

codorniz   cáñúhún

coger (cafe o fruta)   táxín

cogollo (del maguey)   xītú

cojo   chāa táhnú

cola   suhmā

cola (goma)   nchacā

coladera   tiyihví síjin

colar   síjin

colgar   cata caa

cuelgue Ud. aquí su ropa
yáha-ni cata caa-ní sahma
-ní
está colgado ndíta caa
colgaron al hombre nĩ
cāscuáhñá-de chāa-ún

colibrí ndĩyoho

colina tinduū

colmena tiyocō, ñahmū yocō,
ñahmū tĩmii

colmenero chāa táva ndúxi ñuñū

colmillo nūhun inā

colocar chuhun, chúcú, chindee

colorado jā cuāhá

columpiar quée lichumpá

collar siquĩ sucūn

comadre comárĩ, cualiá

comadreja tĩñii

comadreja

comal jiō

combar scáí, cāí

combatir cuatáhan, tāú nchaā,
státáhan

comenzar quejáhá, ndejáhá

comer quee, caji
le da de comer squée-dé-i
él comió nĩ yee-dé
están comiendo cáyee-í

comilón chāa yáji téyíí, chāa
chĩi cáhnu

como súan, sua, nátūhun,
ndasa
él es alto como yo súcún-de
nátūhun ŕuū
¿cómo lo hago? ndasa sáha
-rĩ
hágalo así súan sáha-ní

como quiera nāni modo, vāsa
súan

compadre mbáā, compárē

compañero táhan-yó

compañía iin nuu ñáyivi

comparar squétáhan, scáni
táhan

completar sijínu, xndĩhi,
squícuu

completo ndĩí, nĩí, jā íó ndihi

componer nasávāha, xndúvāha
compusieron el reloj nĩ
cānasávāha-de reloj-ún
se compuso nĩ nduvāha

comprador chāa jáan

comprar cuaan
él compró el terreno nĩ
jaa-de ñuhun-ún
compralo cuaan-ró

comprender jucūhun inĩ

cóncavo cáa tĩcóhí

conciencia jā quíyūhú inĩ-yō, jā
jiní tuní-yō

concilio chāa ñáhnu cásándaā
tiñu

concluir stúhū, stĩhvĩ, xndĩhi

concuña táhan jánú

concuño táhan cásá

condenación jā tahnū ndatū

condenar nacuxndíi siquĩ táhan

cóndor ndiñúchi

conejo isō

conejo

confesar nahmā, nacuayúhú,
ndeyúhú

confiar candíja, cuandatū

75

confirmar sácútu, cundaā
  tūhun sáha-yó

confundido jā cúñáá inī-yō

congoja tūhun ndúcuîhā inī

conocer cunī, nacunī
  él me conoce nácunī-de ruū
  no conozco tú jinī-rī

consejo tūhun ndíchí, tūhun
  náchuhun íchí táhan, tūhun
  scáhān táhan

consentir cuatūhun
  ¿cómo lo consiente Ud?
  najā játūhun-ní

conservar chivāha, ndito
  ñúcúún
  se conserva yívāha
  él lo conserva chívāha-de

considerar nacani inī

consolación tūhun ndéé iní,
  tūhun vēe inī

constructora coō cáá

construir nducani, cani,
  chutáhan

consuelo tūhun ndéé iní, tūhun
  vindaā vinené

contar cahu, cani tūhun
  contaron la historia nī
  cājani-i tūhun
  cuenta tu los huevos cahu-ró
  nāsaa táhan ndivī íó
  recuenta las noticias nácani
  -i tūhun-ún

contestar xndíó cáni-i tūhun,
  chísó túhun

contra siquī

contrario sa sua

conversar ndatūhún

convertir ndíó cáva inī-yō,
  nacani inī

copal sūsia cūtú

coraje jā quití inī

coral, coralillo coō sīquí

corazón añú
  corazón del árbol tēyú

cordel, cordón yoho lúlí

cordero lélú

coronilla jēhñú

cortar xiti, sēté, cahnchā,
  cahnū
  lo corta (aserrando) xíti-dé
  le corta (el pelo) sété-de
  xinī
  lo corta (con tijeras)
  jáhnchā-de
  no lo corta mā cáhnchā-rō
  él corta el trigo jáhnū-de
  triú

corteza (del árbol) tiyacuā
  yunu, soō yunu

corto cuítí, cúhndu
  corto de altura liquī
  corto de distancia yani-ni

corral jacú

correa cuartá ñii, ñii yíhi
  ndijān

correcto ndaā, jā íó ndóó, jā
  ní culíi

corregir nachuhun íchí táhan,
  cahnū
  él le corrige cána jíín-de
  nuū-í

correr cunu
  ¡corre! cunu-ró, cunu
  cuáhán
  él está corriendo jínu-de
  el río corre hacia el sur
  jíca nducha-ún cuahān ichi
  véé
  corre el viento quée tachī

corromper tehyū

cosa ndatíñu

cosecha quivī táhnū triú,
  quivī cásquee-yó itú

coser quīcu
  ella está cosiendo quícu-ña
  ella está recosiendo náquīcu
  -ña

cosquilloso ndásí-i, cásí-i
  le hace cosquillas squichí
  -de-i

costa yuhu mar

costado xiin-yo

costar cunchaā
  ¿cuánto cuesta? nāsaa
    ncháá
  cuesta mucho ncháá yahu
  ¿cuánto me va a costar?
    nāsaa cunchaā
  cuestan dos por diez ncháá
    uū jā uxí

costeño chāa ncháá ñuū cáhni,
  chāa costa

costilla yiqui jicá-yō

costra soō, tisohō

costumbre tanīnu

cotidiano nditáhān quivī

coyote váhū

cráneo yiqui xiní

crear sáha, súngōo
  Dios creó el mundo nī sáha
    Dios ñuyívi

crecer cuahnu
  no va a crecer más mā
    cuáhnu-gā
  luna creciente nácuahnu yoō
  han crecido mucho nī candeā
    xaān-í

creencia tūhun cándíja-yó,
  tanīnu

creer candíja
  ¿cómo cree Ud? ndasa jáni
    inī-rō
  no lo creo tú cándíja-rī

cresta (del gallo) ñii xinī
  líhli, ticotō líhli

criada ñahan játíñu inī vēhe

criado chāa játíñu, chāa
  sátiñu tatú

criar scuáhnu

criatura sūchí yíquín, sūchí
  lúlí

croar ndehē, cata
  las ranas croan ndéhē vaā
  sáhvā

crótalo coō tēhyú

crucificar cata caa jicā cruz

crudo yíhí, jā tú ní chóhō

crujir quihñi, squihñi
  cruje (cuando come tostadas)
    luhū yée-í ticasūn
  crujen los dientes squihñi-i
    nūhun-i

cruzar cuīso, canduū

cuajar nduu yúú

¿cuál? ndé iin
  ¿cuál es? ndé jā cúu

cualquiera nāni
  cualquier persona puede
    hacerlo nāni ñāyivi cúu
    sáha-ún

cuando amā, ndé quivī
  ¿cuándo vas a regresar?
    amā nohon-rō

cuanto nāsaa
  ¿cuánto cuesta? nāsaa ncháá
  ¿cuántos hay? nāsaa táhan íó

cuarenta uū xico

cuatro cuūn

cubrir casū, nacundasūn
  está cubierto ndasú nuū
  lo cubre jasú-de

cucaracha titēhé

cuchara tixīhú, ticāsi

cuchichear cahān yāá

cuchillo yuchī

cuello sucūn-yō

cuenca ticōhí, xcōhí

cuerda yoho

cuerno ndiqui quíti

cuero ñii

cuerpo yiqui cúñu-yó, níí-yó,
  níí tuhū

cuervo ticācá

cueva yaū cava, tūnchi

cuidadoso ñúcúún iní

cuidar coto
  lo cuidó nī ndito-de-i
  cuídalo bien coto ñúcúún-ró

cuitlacoche ticahyā tuūn itú

culebra coō
  culebrita coō yatá

culpa cuáchi

culpar stáyāhu, nacuxndíi siquī

cumbre yucu, xinī yúcu

cumplir sijínu, squícuu
  lo cumple squícuu-de, síjínu
    -de
  ya cumplió dos años a nī
    xndīhi-i uū cuiā

cuñada jānu, chīso

cuñado cāsa, chīso

cura sutū

curandero ñatāná

curar nasávāha, sáha tanā
  se curó nī nduvāha-i, nī
    cutanā-í

cutis ñii-yo

CH

chacuixtle ñuñū

chachalaca láján

chachalaca

Chalcatongo, Oax. ñundéyá,
  xinī ñúū

chamiso itā minū

chamuscar siyī
  chamusca siyí-ña jíín ñúhūn,
    cayú tīñúhūn

chanza tūhun síquí, tūhun ndiyī

chapulín tīca

chapuz yucū tixinī

charco nuū núcūhun nducha

charlatán tilahlā, chāa tīlácuá

charpa charpí

chayote naña

chayotera tánaña

chicle sīhví jíchi-yó

chico lúlí, cuáchí, yíquín

chichara tixīn (un pájaro)

chícharo nduchi tīlúú yúcha

chiflar tutu, scásúú

chilacayote yiquin tínduyū

chilatole tuchā nunī

chile yaha

chinche tiyōhó cuáán

chintitlahua tiñúhún

chiquihuite jīca náhnu; tīo

chirimoya ndoco īñú

chirmolera cohō yáhá, yuū
  yáhá

chisme tūhun túhún

chispa tindiquī ñuhūn

chistoso luu, cháquí; ñángá,
  tūhun síquí

chivo ndixíhí, lítú

chivo

choclo ndixi itú

chocolate suhā

chorro nuū cóyo nducha cuáhā

chueco cuángó, yácuá, jā cáa
  yohō

chupamirto ndɨyoho

chupar tɨhvɨ
el chupamirto chupa tɨhvɨ
-tɨ

D

dama ñahan, ñasɨhɨ́

danza yaā jā jɨ́ta jáhá-yó

dañar sáha dañú, stɨ́vɨ́, xnáa

dar cuāha
dámelo cuāha-ró nuū-rɨ́
él me lo dio nɨ jāha-de nuū
-rɨ́
aquél árbol da fruta cúun
ndehē xinɨ yúnu-ún
él me lo dio prestado nɨ
jāha núu-de nuū-rɨ́
él no da permiso tú jáha-de
tūhun
vamos a dar vuelta cuícó
ndúū-yō
le dieron las gracias nɨ
cānacuātáhú-de nuū-ɨ́
ellos dieron voces nɨ cācana
jɨ́ɨ́n-de
él me dio fiado nɨ jāha jícá
-de nuū-rɨ́
dar en matrimonio stándaha

debajo chɨi, ichi chíi

deber taū, ndita xūhún
tú debes salir temprano
cánúu jā quɨhɨn ñáhān-rō
él debe cinco pesos ndɨta-gā
-de uhūn peso
¿cuánto te debo? nāsaa taú
-rɨ nuū-rō

débil jā cándaā vɨtá, táhɨ́n, iɨ,
táhyā inɨ, jā cáa tɨ́cuɨ́nu

debilitado jā nɨ́ cuxɨ́ɨ́, jā nɨ́
cuɨtá iɨ

decir cachɨ, cahān, castūhún
él dice áchɨ́-de
dígale cachɨ-nɨ́ cuni-de,
castūhún-nɨ́ nuū-dé
¿qué quiere decir? nāún
cunɨ́ cáhān

declarar castūhún cájɨ́, cahān
cájɨ́

dedo chico ndaha lúlɨ́

dedo del en medio ndaha
máhñú

dedo pulgar ndaha cáhnu

dedos de la mano xinɨ ndáha
-yo

dedos del pie xinɨ jáhā-yō

defender nama, cahān jahā
él me defendió nɨ nama-de
ruū, nɨ cācu-rɨ nɨ sáha-de

defraudar xndáhú, cahān tūhun
túhún

dejar xndóo, squéndōo
déjalo sɨ́a-rō
él dejó de comer nɨ sɨ́a-de
staā quée-dé
dejó a su mujer nɨ squéndōo
-de ñasɨhɨ́-de

delante ichi ndácu, ichi núū

delgado yáxín, cuíñi-ni

delicado iɨ, táhín

delito tūhun cuáchɨ́, cuāchi
ndɨyi

demás sava-gā

demasiado cuahā-gá, ndóo-gā,
jā nɨ́ ndendoso

demonio cuihnā, tachɨ ñáá,
tachɨ quíni

denso cócon

dentro inɨ
dentro de poco tiempo cúu
núndáā-gā, cúnúu-gā

derecho ichi ndóó, ichi váha,
ichi ndáā
la mano derecha ndaváha

derramar catɨ, scóyo
él derramó el agua nɨ jatɨ
-de nducha
se derramó nɨ jɨcha nūu
cuahān

derretir nanducha, xndúcha

derribar stúnchaā

derrumbe jā nĭ nchaha ñuhun

desabaratar stĭvĭ, xnáa, janú ndiwāha

desabrido ndūcun yée, yūcu yée, jā nĭ naa xicó uhā, lahlĭ yée

desabrigar tava, stáxio
ellos desabrigan cátava-dé sahma-dé, stáxio-dé ticāchí -de

desamparar xndóo ndáhú

desanimarse nducuĭhā inĭ, natuhū inĭ, cuxĭĭ inĭ

desaparecer sāhu, naa, quee
desapareció nĭ quenda cuahān, nĭ quēe cuahān

desarmar nacanū

desatar nandájĭ, nasihĭta yuhā

desayunarse casĭ inĭ
desayunamos cájasĭ inĭ-yō
todavía no se ha desayunado tú cháhān-gā casĭ inĭ-de

descalzo jā jĭca vĭchĭ-i, tú ndijān-i

descansar ndetātú
hacer a otro descansar xndétātú

descascarar cuanchaā soō, scuĭ, nasávāha

descender cuun
él descendió nĭ nuu-de
la lluvia descendió nĭ cuun saū

descolgar naxnúu, xnúu

descolorir ndoo color sahma
la ropa se puso descolorido nĭ ndoo sahma, nĭ sijáhā sahma

descomponer tehyū, táhū, jĭta, tahnū, tĭvĭ
se descompuso la comida nĭ jiā ndéyu, nĭ cucánĭ
está descompuesto nĭ tahū, nĭ tĭvĭ

descortezar cuanchaā soō

descoser nandájĭ, nasihĭta yuhā, ndeñihin yuhā

descubrir nastúu, stáhān ndijĭn, nanihĭn

desde ondē ndé tiempo
le vĭ desde lejos ondē jĭcá nĭ jinĭ-ná nuū-dé
desde el principio ondē xnáñúú
desde ahora vina ondē nĭĭ-gá cuahān-yō

desdichado jā cúndáhú iĭ

desear ndio inĭ, cuu inĭ, cuñucuu inĭ, cunĭ
deseo verle ñúcuu inĭ-ná cunĭ-ná nuū-nĭ
deseo irme quihĭn-ná cunĭ -ná

desecar sihichĭ

desechar quiñihin, squéhichĭ

desembarcar jinū, najinū, jungōo

desertar squéndōo, xndóo

desesperar cuxĭĭ inĭ

desgracia tundóho

desgranar scóyo

deshacer ndahvā, ndájĭ
deshacemos
(el nudo) ndájĭ-yó tĭcanu
(el tejido) násihĭta-yó
(lo que está escrito) ndahvā-yō tutú-ún
(una casa) nácanū-yō véhe

deshilar nasihĭta, nandájĭ

desierto ñuhun téhé, ñuhun ndĭi, ñuhun tĭrĭi, ñuhun yándá

designar tetahān

desjuntar sásĭn, stéhndē sava

desliar nandájĭ

deslizar quenchaha, queliáca, quelĭhvĭ

desmayar cuĭtá iĭ, tāú inĭ, xnáa nuū, cuxĭĭ inĭ

desmenuzar sácuáchí, sáha lúlí-gā

desnudar sáha lii, nduu víchí lii

desnudo víchí lii, núña siquí

desobedecer sáníhin iní, tú squícuu, tú cándíja

desocupado núña
la casa está desocupada vehe sáni, víchí véhe, núña vehe
estoy desocupado núña-rī

desorden ticañā, vaā

despacio cuéé

despachar chundáhá, tájí, chuhun íchí

despajar xndéché

despedazar sácuáchí, xndíhī

despedir nacuatáhú

despeñadero yucáva

despertar natahū nuū, nducōo
está despierto ndíto-i
él me despertó nī xndúcōo -de ruū

despintar ndoo
se despintó la tela nī ndoo sahma

desplegar nacanū, scáā
desplegamos el papel nácanū -yó tutú, scáā-yō tutú

despreciar squéhichī táhan, coto uhū táhan, sájáhā inī

después cucuéé-gā

desquitar nanihīn táhan

destapar cuña
lo destapó nī juña-de, nī nacuña-de
está destapado núña

destruir xnáa, nacanū, stívi, stuchá

desunir sásiin, stéhndē, cahnchā sava

desvanecer quee, sāhu, ndahvā máá

desvelar cundito
desvelan ndíto-i, cáhīo ndíto-i

desviar sāna
se desvió nī sāna-de ichi

detener súcuiñī, sácuéé

detrás ichi yatá

deudor ñāyivi taú xūhún

devolver nacuāha, najaā

devorar cócó-yó ndéyu
lo devoró nī cócó-tí cuáhān

día quivī, ndūu
de día andúú
hoy día vina
a mediodía sava ndúú, cáxiuū
en ocho días nuū uná quivī, unō vína
en veinte días ocō ndicāndii vína
día y noche ndúú ñúú-ni

diablo cuihnā, jāhú

dialecto sañī sāú, saīn sāú

diario nditahān quivī, chitō

diarrea cuehē cúun chīi

diente nūhun
diente incisivo nūhun yuxéhé
diente canino (colmillo) nūhun inā
diente molar nūhun yōsó

diestra ndaha váha

diez uxī
diez y seis xiahūn iin

diferente tucu, siin

difícil yíí cáa
más difícil yíí-gā cáa
difícilmente xaān uhū

difunto iin ndiyi

diluvio saū xaān

dinero xūhún

dintel chichā véhe

dirección ichi

directo ndóó, ndáā

discípulo   chāa scuáha

discutir   ndatūhún, sándaā

disentería   cuehē sajin

dislocación, dislocadura   jā nꞮ
  jꞮo cúhun

disminuir   tahyā, cuāndihꞮ
  disminuye la lluvia   cuācanda
    saū
  disminuye el viento
    cuācunáhꞮn tachꞮ
  disminuye el dolor   cuācuu
    vꞮhꞮ

disolver   xndúcha

disparar   scáhndꞮ
  disparamos cohetes   scáhndꞮ
    -yō cuete
  disparó el fusil   nꞮ scáhndꞮ
    -de nujꞮꞮ

dispersar   cuichā nūu
  se dispersaron   nꞮ cājichā
    nūu-i cájahān

disputar   státáhan, canāá

distante   jꞮcá, a yꞮhi caā

distribuir   cachā
  lo distribuye   jachá-de

diverso   tinꞮ nuū

dividir   sásꞮn, cahnchā sava
  está dividido   nꞮ tehndē sava
    sava

divulgar   cachā, saca
  lo divulga   jachá-de tūhun
    cuahān

doblar   caꞮ tahnū
  doblamos la manta   jaꞮ
    tahnū-yō sáhma

doce   uxꞮ uū

doctor   chāa táná

doler   jatū, uhū, cuhū
  me duele la cabeza   jatú
    xinꞮ-rꞮ

domar   sámasú, cahnū

donde   ndénū, ndéchi

dondequiera   ndéni nꞮ cuu

dormir   cusū

está durmiendo   quixꞮ-i
no quiere dormir   tú cunꞮ-de
  cusū-de
le hace dormir   scusú-ña-Ɪ

dos   uū
  dos en dos   ndihúū ndihúū
  los dos   ndendúú

dudar   cani sꞮquꞮ inꞮ
  no tengas duda   mā nácani
    sꞮquꞮ inꞮ-rō
  sin duda él vendrá   quii
    náhꞮn-de

duelo   tūhun nducuꞮhā inꞮ,
  tundóho, táhuhū inꞮ

dueño   chāa xꞮin, jitohō

dulce   jā vixꞮ

durar   tú ndihꞮ, quendōo náhán

duro   ndava, nꞮhin
  trabaja muy duro   sátiñu
    téyꞮꞮ-de

E

eclipse (del sol)   nácuū
    ndicāndii
  (de la luna)   nácuū yoō

eco   ndusū yucu

echar   squée, caquꞮn, chuhun

educar   stáhān, scuáha

ejotes   ndꞮchi

él   máá-de, chāa-ún

elegir   nacāji, cāji, tetahān

elevar   cañaa, scáa, nducani

elote   ndixi quée-yo

ella   máá-ña, ñahan, ñasꞮhꞮ

ellas   máá-i, máá-ña jínáhan-ña

ellos   máá-i, máá-de jínáhan-de

embellecer   sáluu, sácútu

emblandecer   sávꞮtá

emblanquecer   sáquiyꞮ, sácuꞮjín,
  sáha yaa

emborrachar   najꞮni, xnájꞮni

embrigantes   nducha xáān

embrujar   sáha tásí

empadronarse   nacuāha xinī

empapar   chindaji, chindúchá
  me empapó con la lluvia
    nī ndōyo-ná nī sáha saū
  ella lo empapa   chíndúchá
    -ña, chíndaji-ña

empeorarse   cáhú-gā sáha,
  víhí-gá cuahān

empezar   quejáhá, ndejáhá

emplear   tatū, cuatíñu
  él le emplea   játíñu-de-i,
    tatú-de-i
  está empleado   sátiñu tatú-i

empobrecer   sándáhú, cundáhú

empujar   stáa táhan, scácūhun

en   inī

enaguas   xōo, xōo cuītá

enano   ñāyivi liqui

encalar   nasáquiyī jíín cacá

encaminar   chuhun íchí

encapotar   ndii tícāchí, cundasū
  siquī

encarcelar   chindee-yó vécāa

encarecer   scáa yāhu

encargar   chaa tiñu siquī
  él está encargado   nchátiñu
    -de

encargo   tiñu nī tahū núū-yō

encender   nastáhān ñuhūn,
  stúūn
  favor de encender la luz
    sáha-ní favor stáhān-ní
    ñuhūn
  está encendido   cayú ñuhūn,
    túūn ñuhūn

encerrar   casū vāha, xndíyū
  están encerrados   cáyíndihū
    -de
  le encerraron en el cárcel
    nī cājuhnī cútu-dé chāa-ún
    vecāa

encías   ñii jáhā ñúhun-yó

encima   siquī, ichi xiní

encina   nucāji

enclavar   cuāxin
  él enclava   jáxin-de ndūyu
    cāa

encoger   xndíyi, nandiyi, sáha
  cuítí

encolar   stíín, chitīin

encolerizar   squití inī

encontrar   nanihīn
  ellos se encontraron   nī
    nanihīn táhan-de

encorvar   scáí
  se encorvó   nī jucuīta ndee
    -de, nī cāí

enderezar   sándóó
  se endereza   nī nduu ndóó
    máá

endulzar   sávixī

enebro   nuhīní

enemigo   chāa jíto uhū táhan

enfermar   cuhū, cuu cuhū

enfermedad   cuehē, ñatícúhū

enflaquecer   cuu xíí

enfrente   nuū, ichi núū

enfriar   xndíco
  ella lo enfría   xndíso-ña
    ndúcha
  se enfrió   nī ndīco-chā

engañar   xndáhú

engaño   tūhun xndáhú

engordar   xnéñu, xndúu, nduu
  cáhnu-gā
  engorda al puerco   xnéñu-de
    cuchí, xndúu-de-tī
  se engordó   nī nuñu

engrandecer   sáñáhnu-gā,
  xndeá

enjuagar   chindúchá, nachihvī

enmohecer   cūxi, scúxi

enojar   quitī inī
  se enoja   quití inī-yō
  lo enoja   squití inī-de-i

enorgullecer sávixī máá,
    cujáhā inī

enraizar nacuiquīn yoho, ndee
    yoho

enreder sácá núu, sáha
    tícañá, quīvi nduū
  se enrede nī cañā, nī sacā
    nūu

enriquecer sáha cúcá

enrollar chisúcun, natuu
  enrolla el papel túu-de tutū

enronquecer cahān nahma
  se enronqueció nī chītú
    sucún-de, nī jasū sucūn

ensalobrarse nduu uhā ndeyu
  ensalzar nacana jaa,
    sáñáhnu

ensanchar xndée-gā, sáha
    cáhnu-gā, sáha jichá-gā

enseñar stáhān, stúha

ensordecer cuu sóhó

ensuciar cucháhán
  se ensucia cúcháhán,
    ñúma-i

ensueño jā scóto jāni

entallar sáha līhlī, caān

entallecer cana vīu

entenada sēhe sīhī cáhnu

entenado sēhe yīī cáhnu

entender jucūhun inī

entero nīī, tācá

enterrar chindūji
  está enterrado nī yūji

entrada yuxéhé

entrar quīvi, ndīvi

entre māhñú, sava māhñú

entregar nacuāha, nastúu

entrelazar natiin

entremeter quīvi nduū

entristecer sácuīhā inī
  lo entristece sácuīhā inī
    -de-i

se entristece ndúcuīhā inī-i

entumecer síyījin
  lo entumece síyījin
  se entumeció nī yījin, nī
    tingi

enviar chundáhá, tájí

envidia tūhun cuásún inī

envolver chisúcun, chinduū

envuelto yísúcun

enzurdecer nduu vésé

epazote mīnu

equivocar stīvī

erizo ñañā īñú

escabroso yándá, jáca, ndái

escalera de tronco nucuayú

escalofrío cajin

escamondar cahnū ndoso

escampar canda saū
  escampa cánda saū, ndánda
    saū

escapar cācu

escarbar ñuu jáhá-tī (gallinas),
    cacha
  él lo escarba jácha-de

escarcha yúyú yuhā; yuhā

escarchar jahā
  escarcha jáhā sáha yuhā

escarnecer cahān nchaā

escaso nihnu-ni, jā īin nihnu

escoba ndācu

escobillo (de ixtle) yōcón

escoger nacāji

escombro cuayo

escomerse jīta, nii
  se escome cuajīta

esconder chisāhī
  él lo esconde chísāhī-de
  está escondido yísāhí, índee
    sāhī

escopeta nujīī

escorpión curxiucū

escribir chaa tutū
  está escrito yóso nuū tutú

escuchar cuni sōho
  escuchan jíni sōho-i, jíni
  náhín-i tūhun

escupir tivī tisīhvī

escurrir too nducha
  se escurre tóo nducha
  lo escurre stóo-de nducha

ese jiān

esforzar sánīhin, stétuu

espalda yatā-yō

espantar yūhú
  lo espanta síyúhú-de-i
  se espanta yúhú-i

esparcir cachā
  lo esparce jachá nūu-de
  está esparcido nī jichā nūu
  cuahān

especias jīho

espeluznar nandīqui, nandosō

esperar ndatu, cundatu

espesar nduu yúú
  espesa cuānduu yúú, nduu
  uha

espesura cuhū

espiar coto yuhu
  él lo espía jíto yuhu-dé-i

espiga de maíz yoco itú

espigar nachii
  espigan cánachii-i triú,
  cátuhun-i yoco

espina iñu

espinazo yiqui yatá-yō

espinilla yiqui jítī-yó

espinoso īñú

espolón (de gallo) yuchi līhli

esponjado jā cáa tícháhmá

esposa ñasīhí

esposo yii

espuma tihiñū

espumar jaa tihiñū

espumoso jā cáa tihiñú

esquilar sēté

esquina jiquī

esquinar sáha tíjíquí

estaca ndūyu, sihīn

estafador ñatōó

estallar cahndī
  lo hace estallar scáhndī

estante jīto

estar cunchaā
  está en casa cánchaā-de
  está allí yúan índee-de
  está parado cándii-de
  están cáxiūcú-i
  él está íó-de

este yūán, jiān, yāhá

estercolar sájáhán

estéril numa

estiercol jāhan, yihvi

estirar scáā, sácánú, nascáā,
  stáa

estómago chīi-yó

estorbar sáténu, sáñángá

estornudar caxin

estrangular xnéhnē, scuáhñá,
  quiti sucún

estrecho yáxín, tuū, tii,
  cuīñi-ni

estrella tiñūú xíní
  estrella de la mañana quiti
  jáñáhān
  las siete hermanas quiti usiá

estropajoso jā jíca téhndé, jíca
  ticōtó-de

estudiar scuáha

eternal jā tú ndihi ni tú jínu,
  jā cóo nīí cáni

exacto míhín-ni

examinar xndichí táhan, coto
  nchaā

excelente jā váha xaān

exceso   jā nǐ ndendoso, jā nǐ
 ndōo-gā

excitar   scáhān, squíi inǐ táhan

exclamar   cana jaa

excluir   chuhun síin

excrementar   tété

excremento   yihvi

explicar   cachǐ ndaā, castūhún
 ndaā

explorar   nandúcú vǐi

explosivo   ñucáhndɨ

explotar   cahndɨ

exponer   nastúu, stáhān ndijǐn

exprimir   cuhni, cuāxin
 lo exprime   júhni-ña, jáxin
 -ña

expulsar   scúnu

extender   nascáā, caquǐn
 lo extiende   náscáā-i, jaquín
 -i
 se extiende   nácaā

exterior   ichi siquí

extinguir   ndahvā

extranjero   ñāyivi síin ñuū,
 chāa jícá

extraviar   sāna-yó íchi

exudar   too nducha, stóo

F

fácil   tú yíí cáa

faena   tiñu sáha-yó

faja   sánchǐi, tāni

falda   xōo

falso   tūhun xndáhú, tú ndaā

faltar   cumanǐ nuū

fallecer   cuū, naa
 él falleció   nǐ jihǐ-de, nǐ
 naa-dé

fango   ndehyū quǐxín

fastidioso   cuníni iní

fatigar   cuǐtá, cuu chichi jíín
 tiñu

feliz   jā cúsii iní

feo   cáa ñáá, tú luu, jácó

feroz   xaān

fiado   jā jáha jícá-yó ndatiñu

fiasco   jā tú nǐ quée, jā nǐ tǐvi

fiebre   quǐji

fiel   jā squícuu vāha, jā íó ndaā

fiera   quiti xáān, quiti yúcú

fiesta   vico

fila   yucūn

filtrar   quendoho nducha, yǐjin
 nducha

fin   nuū ndɨhi

fino   jā váha, jā lúu

firmamento   andɨvi

firme   jā cándiǐ nǐhin, jā íó
 cútu

flaco   cáa xíí, cáa cuíñi, cáa
 tícuínu

flama   yáá ñuhūn

flamear   cayū yáá ñuhūn,
 scánda yáá

flecha   ndua

flor   itā

flor

florecer   jaa itā

flotar   coso téne nuū ndúcha

fluir   caca nducha, coyo nducha

follage   ndaha yucú, ndaha cúhū

fondo   xuū, ondē jahā

fontanela   sūcha

formar   sávāha, jucuiñī yucūn

fosa   yaū ndɨyi

fracaso   jā nɨ́ naa ɨ̄, jā nɨ́ tɨvɨ́,
  jā nɨ́ tuchā

fregar   quɨɨn

freir   xndúhā, sjáa

frente   chaān-yō

fresno   nuñúchi

frijol   nduchi túún

frío   vɨjin

fruta   jā vixɨ́, ndehē

frutal   yunu vixɨ́

fuego   ñuhūn

fuera   yatā quéhe

fuerte   nɨhin

fumar   chaa
  fuma   cháa-de inu

fundir   naxndúcha, xndúcha

G

gallina   chuquí

gallo   lɨhli

ganado   tɨcuhnɨ quɨti

ganar   cundéé, nihɨn

garganta   yōo sucūn-yō

garza   samū

garrapata   chucu rɨ̄

gastar   canū
  él gastó el dinero   nɨ janū-de
  xuhún

gatear   caca ndee
  el niño gatea   jíca ndee-i

gato   vɨlu

gavilán   xihān

gemir   cuāca nūu inɨ
  él está gimiendo   jáca nūu
  inɨ-de

gente   ñāyivi

girar   cuícó ndúū
  gira   jícó ndúū
  lo hace girar   scuícó-i

golondrina   tɨxɨco

goloso   jɨhvá, tɨndɨ́

golpear   cuāha tahū
  golpea   jáha-de tahū táhan,
  súcu-dé-i

goma   nchacā, jā stɨ̄n

gordo   cáhnu, xáhán, jā nɨ́ neñu

gordura   xāhan

gorrino   tɨ́cu

gota   ɨɨn yúyú

gotear   too yúyú, jɨhin

gozar   cusɨɨ inɨ́

gracia   tūhun luu, tūhun vāha
  inɨ, ɨɨn jā nɨ́ cutahū-yō

gracias a Ud.   cútahū-ná nuū-nɨ́

gran   jā váha, jā ñáhnu

granada (fruta)   chɨhló, tɨchɨhló

grande   cáhnu, náhnu

granero   yacā

granizo   ñɨñɨ́

grano   ndɨhyi (tumorcillo); tatā,
  nunɨ, ndɨquɨn (semillas)

grasa   xāhan

grave   cáhú
  se pone grave   cáhú táhān-de

gretado nujānú

grey ticuhnī

grieta cuihñī

grillo cósó líhlí, ndīcósó líhlí

gris mecu

gritar cana cóhó

grueso cócon, cáa tirámba

gruñir cahān xaān, ndundaquī

guacamayo vája

guaje tiyahā, chahā

guajolota sáná

guajolote cohlo

guajolote

guardar chivāha, coto

guarnecer sácútu, sáluu

guayaba ticuāa yúú

guías (de calabaza) tahī yiquin

guisar sáha ndeyu

gusano tindácú, tindása

gustar jatahān inī

gustoso asūn

H

haba nduchi lavá

haber coo
  hay íó

hablador tilahlā, tilācuá

hablar cahān

hacer sáha, sávāha
  hágame usted el favor sáha
    -ní favor
  hace frío vījin sáha
  hace ocho días a nī cuu unā
    quivī, unō vína
  no le hace tú nāún sáha
  hace calor níhní sáha
  hacer burla sácátá
  hacer pedazos sácuáchí
  hacer limpio sándoo

halcón tasūn

hallar nihīn, nanihīn
  se halla cáan-i

hambre sōco
  tiene hambre jíhī-i sōco

haragán chāa cúxí

harapos sahma téhndé, sahma
  tícōtó

harina yuchi trigo

hartar ndahā chīi

hasta ondē

hato ticuhnī quiti

hebra (de ejotes) ndaā ndíchi

heces jā ní cualō

heder jahān xicō

henchir scútú

heredar nihīn tahū

herida nuū ní tujī-yō

herir stují
  herido nī tují

hermana (de una mujer) cuhū
    (de un hombre) cuāha

hermanastra cuhū uū, cuhū cáhnu, cuāha uū, cuāha cáhnu

hermanastro cuāha uū, cuāha
  cáhnu ñanī uū, ñanī cáhnu

hermano (de una mujer) cuāha
    (de un hombre) ñanī

hermoso luu, vii-ní cáa

hervir quitī
  lo hierve squití-ña ndúcha

hiel cavā

hielo yuhā, cāa

hierba yuā, nduā, yucū

hierbabuena itā minú

hierro cāa

hígado stajāhá

higuera yunu mérquexē

hija sēhe sɨhɨ́

hijastro sēhe uū, sēhe cáhnu

hijo sēhe, sēhe yɨ́ɨ́
   hijo **del** bautismo sēhe ndúchá
   hijo **menor** sēhe xánú
   hijo **mayor** sēhe núú

hilar táú
   hila táú-ña yúhā

hilera yucūn

hilo yuhā

hincar (de rodillas) jucuiñɨ́ jɨ́tɨ́

hinchar neñu, chuhun cuiñi

hinchazón cuiñi

hipar quɨ̄hvɨ inɨ̄
   hipotecar caquɨn nchaā ñuhun

hocico yuhu quɨ́tɨ

hoja (del árbol) ndaha yúnu, numa yúnu
   (del libro) vijɨ̄ tutū

holgazán chāa cúxɨ́

hollín tuūn

hombre chāa

hombro chohō-yō

honda yoyúú

hondo cúnú

hongo jihɨ̄
   hongo anaranjado jihɨ̄ váyá

honrar chiñúhún, sáha jɨ́ñúhún

horca ndūyu, sɨhɨ̄n cuāñú

horizontal jā cátúu ndɨ́jin

hormiga chócó, tiyócó

horno jinū

horqueta tɨ̄ndɨquɨ, tɨsɨhɨ̄n

hoy vina

hoya yihndɨ̄

hoyo yaū

hoz jósō

hueco xcōhi, cáa tɨ́cóhɨ́

huella tahān jahā-tɨ́

huérfano sūchɨ́ ndáhú, sūchɨ́ láhú

hueso yɨquɨ
   hueso **del** fruto jɨtɨ̄

huevo ndɨvɨ̄

huir cunu
   huye jɨ́nu-i cuahān-i, jɨ́nu ñáá-i

humear cuñūhmá

humedad vɨ́xá, jā yɨ́hi cajin

humildad jā ndáhú inɨ̄, jā ndúu súchɨ́ inɨ̄

humo ñuhmā

hundir sāhu, quēe
   se hunde sáhu-ni cuahān, quée cáhnu

hurtar sácuɨ̃hná, xndóyó

husmear cundūsú
   husmea (el perro) cúndūsú -tɨ̄

huso cachā

I

ictericia cuehē cánduū

idioma sañɨ̄ sāú, saɨ̄n sāú yuhu cácahān ɨɨn ɨɨn-yó

ídolo ndosō

iglesia viñūhun

igual ɨɨn-ni cúu, ɨɨn núú-ni

iguana tihɨ́chɨ́

iluminar stúūn ñuhūn, xndíi

imitar ndacu

impedir sátéñu, casū-yō núū

impeler stétuu, scandá, scáhān

importante cánúú
no **importa** tú nāún sáha

imposible jā má cúu cuiti

incendiar cahmu, scuiquín
lo **incendia** jáhmu-de, túu-de ñuhūn

incienso sūsia cūtú

incitar scandá, squíi iní, scáhān

inclinado jā índee nduā, jā yínuu, jā ndichí, yítuu xíin

incorrecto jā tú íó ndaā

inculpable jā tú nā cuāchi ndíso-i

indagar nandúcú víi tūhun, sándaā

individual iin iin ñāyivi

infante sūchí, sūchí yíquín

infectar sácuáñúhún
se **infecta** jíca nchaha cuehē

infeliz jā tú cusii iní, jā cúcuíhā inī

inflamar cahmu, scuiquín ñuhūn
lo **inflama** scánda yáá-de ñuhūn nástáhān-de ñuhūn, jáhmu-de

inflar chuhun-yó tachí chíi, sjáa, xndútítáchí

iniciar squéjáhá, scáca

injertar nachuhun-yó ndáyúnu

injusto tiñu tú ndaā, tiñu ñáá

inmenso jā cáhnu, jā jichá xaān

inmortal jā má cúū cuiti, ni mā náa cuíti

inmundo jā cáa cháhán, jā ní ñuma, jā quíni

inquerer cacān tūhún vāha
lo **inquiere** nándúcú víi-de tūhun, jicán tūhún vāha-de

inquieto tú cúnáhín, cúu tíxín

insalubre jā tú íó ndanu

insano jā cáa ñáá xinī

inseparable jā má ndúsín

insultar nacatā, cahān nchaā

inteligente ndíchí, ndíto xinī

intemperante jā ndúu vatū inī

interior inī, ichi iní

intérprete chāa xndái tūhun síin yuhu

intervenir quivi nduū

interrogar cacān tūhún, xndichí

intestino jiti

invernáculo yavā

invierno vico íchí

invisible jā jísāhí

invocar ndacu ñihin, cahān ndāhú

inyectar chihi cāa

ir quihīn
van cájahān-i
no va mā quihīn-i
va a pie jíca jáhá-de cuahān-de
se fué a cuahān
se fueron nī cājangoyo-de

ira jā quití iní

iris ticō yēhndé

irregular jā chíñáhmu-de quivi, nuū ñáhmu quivi

ixtle ndaā yáu

izquierdo ndaha sáni, ndaha vésé

J

jabalí cuchí yúcú

jabón namā

jaboncillo (planta) tiquēe, tinduhū

jabonoso   námá, nducha námá

jacal   vehe lúlí, lanchu

jadear   coso tachí
  jadea   yóso tachí-tĭ

jalar   stáa

jarro   tĭndohō

jefe   chāa táhú tíñu, chāa xíní

jején   chúcú yáá

jeme (medida)   too

jicalpestle   tĭcoco yájin

jicalpestle

jícara   yajin

jilote   isa itú

jitomate   tĭnana cuáhá

jocoyote   sūchí xánú, xānu

jorobado   tĭhĭ, jā jíca tĭhĭ

joven   sūchí súchí

joya   siquĭ

jugar   cusíquĭ
  juega   ísíquĭ-i
  juegan   cáisíquĭ-i

juguete   vili

juguetón   sĭsĭ-i, síquĭ-i

junco   cohyō

juntamente   ĭĭn núú-ni, ĭĭn
  cáhnu-ni

juntar   stútú, stacá

jurar   cahān téyíí

justicia   tūhun sándaā

justo   jā íó ndaā, jā íó ndóó

juvenil   jā súchí

juzgar   nacuxndíi siquĭ cuáchi,
  sándaā

L

labio   ñii yúhu-yo

labrador   chāa jítu, chāa sátiñu

labranza   jā sátiñu-de nuū itú,
  jā nátáhú-de ñuhun

lado   xiin chíi, jicā

ladrar   cuihān
  ladra   jíhān inā

ladrón   ñacuĭhná, ñatōó

ladronear   sácuĭhná

lagartija   vĭló, chivĭló

lagarto   coō yúchí

lago   mĭni

lágrima   nducha núū-yō

laguna   mĭni

lamentar   ndehē, ndahĭ,
  cucuĭhā inĭ

lamer   nacuahā, nayuu
  lame   nácuahā-tĭ yúhu-tĭ,
  náyuu-tĭ yúhu-tĭ

lana   ixi rū

langosta   ndĭcuáhyú

lanudo   íxí

largo   cáni, náni

lastimar   stují

latir (el corazón)   canda añú
  yō, canda tuchĭ-yō

lavar   nacācha
  lo lava   nácācha-i
  lava la cara   náquiti nuū-í
  lava los manos   nándáhá-i
  lava la cabeza   jíchi-i

laxo   jā cándee jinu, jā cándee
  tahya

lechón   tĭcu

lechuza   tiñuu sáyú

leer   cahu

lejos   jícá

lengua   yaā-yō; yuhu cácahān-yō

lenguaje   yuhu cácahān-yō

lento   cuéé, uun inī

leña   nducū

leña

león   ndīcaha

lepra   ndīhyi téhyú

levadura   yujan íá

levantar   cañaa, nducani, xndáa
   se levantó   nī ndonda-de, nī
      nducōo-de, nī nducuiñī-de

liar   cuhnī
   lo lía   júhnī-de

librar   nama

libre   jā tú núhnī, jā jíca cuu
   ndichā-nā

libro   tutū

liendre   chāhú, tiyāhú

ligero   ñamā, yáxín

límite (de terrenos)   xéhñú

limón   ticuāa íá

limpiar   sándoo, nacācha

limpio   ndoo

lindero (entre pueblos)   rayá
      ñuū
   (entre terrenos)   xéhñú

linfa   lusu

lío   nuhnī

líquido   nducha

lirio   itā cuījín

liso   lii

listo   jā íó tūha, jā ñamá

lobo   yihī

lobo

loco   jā cáa ñáá xinī

lodazal   ndehyū xaān

lodo   ndehyū

lodoso   lihví, quíxín, ndéhyú

loma   linduū, ndichī

lombrices   tindácú

lucero   tiñúú xíni

lúcido   jā ndíi nchaā
   luce   ndíi, tája, ndíi ndáxín

luciérnaga   titūún ñuhūn

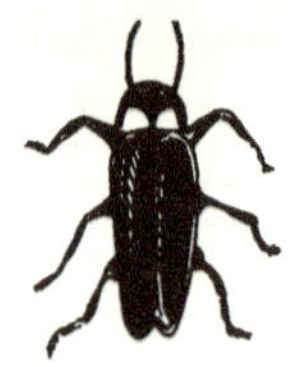
luciérnaga

lucir   ndii, tuūn ñuhūn, taja

luchar   cuatáhan
   ellos están luchando
      cájatáhan-de

lumbre   ñuhūn

luna   yoō
   luna nueva   yoō jáá
   luna llena   náchítú yoō
   luna creciente   nácuahnū yoō
   media luna   ndúu sava yoō
   luna menguante   nácaca yátá
      yoō

lunar   tuūn-yō

luz   ñundijīn

LL

llaga   ndïhyi téhyū, tāha

llama   yáá ñuhūn

llamar   cana xinī, ndacu ñihin,
   cunání
   llamaré (dar nombre)
   scúnání-ní-i
   él se llama Juan   Juan
   nání-i
   llámale   cana-ró xinī-i, ndacu
   ñihin-ró

llamarada   nuū cánda yáá ñúhūn

llamazar   ndōhyo, nuū ndéhyū
   xaān

llambria   cava yítuun

llano o llanura   nduhā

llanta   ndaha carro

llave   ndacáa

llegar   najaā, nchaā

llenar   scútú

lleno   chítú, jā cútú

llevar   cundiso
   lo lleva a cuestas   ndíso
   -de
   lo lleva en la mano   índáhá
   -de
   lo lleva al brazo   yíxéhé-de
   lo lleva en la boca   yíyúhú
   -tí

llorar   ndehē, ndahī

llover   cuun saū

llovizna   saū chūxí

llueca (clueca)   chūún quiti
   núcosō, chūún ndécūhun

lluvia   saū

M

macear   cuāxin
   lo macea   jáxin-de chīi,
   sáyúján-de

maceta   quïsï ñúhun itā

macolla   cuahā ndáha jā nána
   nduū, jā nácachā sēhe

macuca   yunu ndéhē yúcú

mácula   ïïn chahān

machacar   çaxīn
   lo machuá   nī jaxīn-de
   se machucó   nī taxīn

machada   tïcuhnī ndixïhú

macho   quïtï yíí

machorra   ïïn jā tú sēhe íó,
   quïtï numá

madeja   ïïn tïlūú yuhā

madera   yunu

madrastra   náā uū

madre   náā, naná

madrina   náliná

madroño   nuyūhndú

madrugada   tïcuáán-nā, jā
   vïhí-ni cundijīn, jā vïhí-ni
   tūu

madrugar   nducōo ñahān

madurarse   cūchi, cuaan, yija
   se madura   jíchi ndehē

magro   jā cáa xíí, jā cáa ndáhú,
   jā cáa tïquíquï

maguesito   xímu (flor—gallito)

maguey   yau

maíz   nunī

maizal   itū

majada   nuū sájāhan quïtï

mal   jā ñāá

mal de ojo   cuehē tïnúu

malacate   cachā táú yuhā

malaconsejar   jā scáhān tūhun
   ñáá

malar   yïquï núū-yō

malaria   cuehē xnuhūn

malbaratar   canū ndïvāha,
   stïví
   malbarata   janú ndïvāha-i

malcontento jā sóó iní

malecho jā ñáá nī cuvāha

maléleo quīsi ñíí

maleza nuū íin cuhū, yucū lōcó

malhuele jáhān xicō iní

malicia tiñu ñáá, jā ní tahān ñāhán

malparado jā tú cándiī vāha

malquerer coto uhū táhan
  malquiere jīto uhū-de, tú cúndáhú inī-de

malsano jā cúhū, jā tú íó vāha

malva yucū táyóó (planta medicinal)

malla jā cúnu tiñúnú-de

mamá náā

mamar caxin
  el nene mama jáxin-i, chíchi-i

mamas ndoso-ñá

mamey ndica jáhā

manada ticuhnī, iin tiin

manantial nuū cána nducha, sócó

mancera ndaha latú

manco chāa ticúhlu, chāa táhnú

manchar sácháhán

mandamiento tiñu nī tahū núū-yō

mandar tájí
  lo manda (lo envia) tájí-de-i
  le manda (le ordena) táhú-de tiñu nuū-í

manear cuhnī
  lo manea júhnī-de ndaha quíti

manecilla ndaha lúlí

manes añú ñāyivi ní cajihī

manga ndaha súhnū

maniota yoho núhnī ndaha quíti

manjar, manjares ndeyu yée-yo

mano ndaha

manojo nuhnī, iin nuu

manta sahma

manteca xāhan

manual jā sáha ndaha-yo, tiñu ndaha

mañana yuchaān, xiān

mañoso cuīhná-i, síquí-i, cáñá-i

mapache mahān

maquila nundóó

marañoso jā ní cuu ticañá

maravilla iin tiñu ñáhnu

maravillar naa iní-yō ndéhé-yó

marca tunī

marchitar ichī, xiī
  se marchitan cuātāín

margal ñuhun quíxín

marido yii

mariposa ticuāá

marlo chete itú

maroma yoho cáhnu, yoho rónco

marranito tícu

marrano quinī, cuchí

más ingā, cuahā-gá

masa yujan

mascar xndíhī
  lo masca xndáhī-de jā yée-dé

máscara ñāhná, lohlo, chilohlō

masculino jā yíí

masticar cuchi
  él mastica caña jíchi-i ndoō, yée ndíhī-i

matador chāa jáhni ndíyi

matar cahni
  él lo mata jáhni-dé-tī

foca
caimán
oso polar
morsa
castor
mapache
pingüino
flamenco

matojo   tícúhu

matorral   cuhū, cocon, nuū íin
   ñáá yucū

matrimonio   jā cátandaha

maullar (el gato)   ndahī vílu

mayate   ticasā íá

mayor   jā ñáhnu-gā, jā ándéé
   cosa mayor   tiñu cánúú-gā

mazo   tihlu

mazorca   niñi

mecapal   yoyútu

mecapal

mecate   yoho

mecer   scandá, scuícó

medianoche   sava ñúú

medicina   tanā

médico   chāa táná

medida   cūha

medio   sava māhnú

mediodía   sava ndúú, caxiuū

medir   chicuāhá

medroso   cuíhā inī

médula   meque

mejilla   nuū-yō, yiqui núū-yō

mejor   vāha-gā

mejorar   nduvāha
   él se mejora   cuānduvāha-de

memela   xehndē, staā

mendigar   cacān caridad

menear   ñuu

menester   jā nándihi-de iin
   ndatiñu, nduñúhún, cunu
   ñúhún

menguante   jā cuándihi, cuācuū

menor   jā súchí-gā

menos   jā núu-gā

mensual   nuū yóō

mente   jā jiní tuní-yō

mentir   xndáhú, cahān tūhun
   túhún
   él miente   scáa-de cáhān-de

menudo   lúlí, cuáchí, jā ndíhī
   xaān

meñique   ndaha lúlí-gā-yō

meollo   meque yíqui

mercado   nūyáhu

mes   yoō

metal   cāa

metate   yōsó

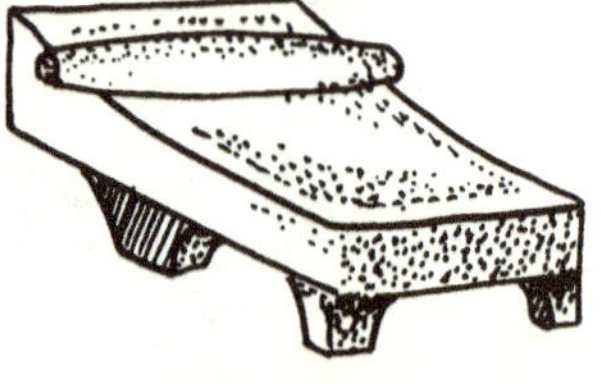

metate

meter   squívi, taan, chindee

metlapil   ndayóso

México (Cuidad)   ñucōhyó

mezcal   ndixī ticunchī

mezclar   sácá núu
   se mezcla   sacá nūu

mezquino   chāa xīi inī

miedo   tūhun yúhú
   tiene miedo   yúhú-i

miel de colmena   ndūxi ñuñū

mientras   nini

migaja   staā cuāchí, yuxi stáā

milpa   itū

milpitas   vīu

miltomate   tīnana sóó

mío, mía   cuenta máá-rí, jā
   xíin máá-rí

¡mira!   ndēhé

mirar   ndēhé

miserable ndáhú iĩ, jā ní jĩta iĩ

misericordia tūhun cúndáhú inĩ táhan

mismo suni, suni súan, iin-ni cúu

mitad sava sava, yacū-ni

moco tiquitĩ

mofa tūhun cátá, tūhun ndiyĩ

mofeta chĩhín, tiñĩhín

moho jā ní cūxi, chuñū

mojado víxá

mojar chindaji nuū ndúcha
  se moja ní ndōyo-i

mojón yuū xéhñú

molar nūhun yōsó

molcajete cohō yúū

molcajete

moler ndico, xndíhĩ

molestar stáhān

molleja ñuū-tĩ, ndiyúú-tĩ

mollera sūcha

momento iin nú núu-ni

mondar sávii, scuĩi

moneda xūhún cuáchí

montaña yucu
  montaña delgada yucu ndíquĩn
  montaña espesa yucu ñúhún

montar coso
  lo monta yóso-de-tĩ, íxndée -de siquĩ-tĩ

monte yucu

montón tĩyii

mora neñu
  moral nunéñú

morado jā nchāá jā ndĩhí

morder caji
  lo muerde yáji-tĩ-i, túu-tĩ-í

moreno ja yāhá

morillo yunu tindúú

morir cuū
  se murió ní jihĩ-de

morral ñunu

morro jā xnĩhi vílu

mosca chúcún, tiyúcún

moscón chúcún náhnu

mostrar stáhān

mover scandá, stáxio

muchacha sūchí sĩhí

muchacho sūchí yĩí

muchas veces tinĩ jínu

muchedumbre cuahā ñáyivi

muchísimo cuahā xáān

mucho cuahā

mudo chāa ñĩhín

muela nūhun yōsó

muerte cuehē cuū-yō

mugre chahān, ñuma

mugroso tĩñuma, tindutū

muina tūhun quitĩ inĩ

mujer ñahan, ñasĩhí

multiplicar xndeá
  se multiplica ndeá

multitud cuahā ñáyivi

mundo ñuyívi

muñeca sēhe sahma; sucūn ndáha-yo

murciélago ticuchĩ lehlē

murciélago

músculo víló
  (del brazo) víló ndáha

música yaā

muslo sāhnda

muy xaān
  muy frío xaān víjin

N

nacer cacu
  nació nī cacu-i
  nace (la planta) cána itū
  nace (el sol) cána ndicāndii

nada tú cuiti

nadar sūchá

nadie tú ni iin-i

nalgas tilūú

nariz cutū-yō

náusea sáha quini inī-yō

neblina vicō nūhún

necedad tūhun ñangá, cátachī

necesidades tiñu cánandihi-yó

necio chāa xíní ñáá

negar tú játūhun

negligencia jā cúhuun inī

negro ja tūún

nene sūchí yíquín

nervio tūchi

nido tacā

nido

nieto, nieta tijāni, sēhe tijání

nieve yuhā, iñū

ningún, ninguno ni iin, tú ni iin

niña sūchí sihí

nixtamal nunī jāhá

no túu, tú, mā cúu

noche acuáa, ñūu
  toda la noche nīí niñú
  una noche iin ñūu

Nochistlán, Oaxaca ātocon

nombrar scúnání
  lo nombra scúnání-de-i,
    quiñihin-de sihví

nombre sihví

nopal vihnchā
  nopal redondo vihnchā scóó

nopal

nosotros yóó, máá-yó (inclusivo)
  náá jínáhan-ná (exclusivo)
  ruū jínáhan-rī (exclusivo
  familiar)

noventa cuūn xíco uxī

nube vicō

nuca casucún-yō

nudo tīcanu

nudo de caña vāu

nudo de madera ndaha chícha

nuera sēhe jānu

nuestro jā xíin máá-yó
  nuestra casa vehe-yó

nueve iin

nuevo jáá

nunca tú ni iin jínu tú cuiti

O

o xí

Oaxaca, Oaxaca nunduá

obedecer cuandatū
  obedece jándatū-i

obligar stétuu

obrador chāa sátiñu

obrar sátiñu

obscurecer quihvī, cuñaa
  se obscurece cuāquihvī,
    cuācuñaa

obscuro jā nī cutúún, jā nī cuaa,
    lúchi túūn

obsidiana yuchī liá

occidente ichi núū quée
    ndicāndii

ocioso jā cúxī, jā cúhuun inī

ocote nuyújá, iin yiti

ocotillo yuxa ñúhún

ocultar chisāhī

ocupado cutéñu, téñu

ochenta cuūn xíco

ocho unā

odiar coto uhū, squéhichī

oídos sōho-yó

oir cuni sōho
  se oye jíni sōho-de

ojo nduchi núū-yō, nuū-yō

oler cuaan xicō
  lo huele táhni-de, jáan-de
    xicō, nácuaan-de xicō
  se huele jáhān xicō

olfato xicō

olor xīco, tixíco

olote sāñii

olvidar naa inī

olla quīsi

ombligo jitī cōhó, xehndu

Ometepec, Oaxaca yucu úū

once uxī iin

orar cacān tahū
  oran cájicān tahū-dé

oreja sōho-yó

orgulloso jáhā inī

oriente ichi núū cána ndicāndii

orilla (del río) yundúcha
  (del terreno) yuñúhun
  (de tela) yusáhma

orín sīhin yóó

orina tixēxé

orquídea itā nchacā, itā ndeyū

oruga ndendúchī

orzuelo tindōtó

otate nuñíí

otro ingā

oveja rii

óxido sīhin yóó

P

pacificar nasámanī táhan

padecer ndoho

padrastro táā uū

padre táā, tatá

padrino tálinú

paga yāhu-yó

pagar chāhu, chunáa, cahnchā

país ñuū-yó

paisano táhan-yó

paja ndayóho triú, tīca

pájaro tisaā, saā

pájaro azul xīhli

pájaro carpintero ríqui

pájaro de copete tisaā yacā

palabra tūhun

paladar lahlā

pálido   jā yáá núū-yō

palillo   titacā

palma   yucū ñuū, nutícáhá

palma de la mano   xehndē ndáha-yo

palmear   catu ndáhá

palo   yunu, yunu xíi, yunu cóó

palo de nixtamal   nusúún yáá

paloma   lihvi

paludismo   xnuhūn

panal   yocō, ñahmū yocō

pantano   cohyō, ndōhyo

panteón   vehe añú

pantorrilla   chīi sāhnda-yó

panza   toco

panzudo   chīi cáhnu

pañal   sahma yísúcun-i

papá   tatá, táā

papalomey   yau tícunchī

papas   ticuīti

papel   tutū
   hoja de papel   vijī tutū

par   uū táhān

para   návāha

parálisis   jā ní cuyúnú-i, jā ní tingi-i

parar   jucuiñī
   lo paró   nī súcuiñī-de
   se para   júcuiñī

pardo   mecu, cáa tindehyū

pared   jicā véhe, nama véhe

parida   ñahan quihmí

pariente   táhan yani-yó

parir   scácu

parlador   ñāyivi tilacuá, tilahlā

parpadear   nacuanī-yō ndúchi -yo

párpado   ñii ndúchi-yo

parte   sava-ni, yacū
   por todas partes   tācá ladó, níí cáhnu

partera   ñahan scácu súchí lúlí

partir   sácuáchí, sásún

pasado   jā ní jāha

pasado mañana   ísá
   semana pasada   semana chīi

pasar   jāha
   pasamos   jáha-yó quíhīn-yō, quijāha-yó

pasear   caca cuu
   paseamos   jíca cuu-yó

paso   iin nuū núña jaha-yó

pasto   ichā yée quiti

pastor   súchí ndíto rii

pastorear   caca-yó yúcu jíín-tí
   pastorea   jíca-i yucu jíín-tí, squée-í scóho-i-tī

pasudo   ixi jā ní chali

pata   jahā, ndaha quiti

pata de cabra (planta)   iñu químí

patada   tahān quiti, jā jañú-tī ín

patear   cuañū-tī siquí
   patear   jañú-tī siquí

patio   yatā quéhe

patria   ñuū máá-yó, ñuū nuū ní cacu-yó

patrón   chāa táhú tíñu, jitohō, lamú

paupérrimo   chāa siquí téhé

pausar   jucuiñī núu, cundatū núu

pava   sáná stilá

pavo   cohlo stilá

paz   tūhun vēe inī, tūhun vindaā vinené, tūhun ndéé iní, tūhun cuacáhnu inī

pecado   cuāchi

pecador   chāa sáha cuāchi

pecar   stívi, sáha cuāchi

pecoso   jā cáa tichohō nuū-yō

pechera   sihí súhnu

pecho   jicā, ndoso

pechuga   cūñu yejā-tí

pedazo   iin táhú-ni, iin pehlo,
  iin ticuhlū
  lo hace pedazos   sácuáchí
  -de

pedernal   yuū ñúhūn

pedir   cacān
  lo pide   jicán-de, nándacān
  -de
  lo pide fiado   jicán jícá-de
  lo pide prestado   jicán núu
  -de

pedregal   nuū íin ñáá yuū

pegajoso   quíxín

pegamento   nchacā, jā stíin

pegar   stíin
  lo pega (con pegamento)
  stíin-de
  lo pega (a un niño)   súcu
  -dé-i, jáha-de-i

peinar   natiin-yó xiní-yō
  le peina el cabello   nátiin-i
  xinī-í, chúhun-i cucā xinī-í

peine   cucā

pelado   jā ní cuvii, jā cáa téhé

pelar   sávii, scuíi

pelear   cuatáhan, cani táhan

pelo   ixi

pelón   xinī téhé

peloso   íxí

peluquero   chāa sété íxi

pellejo   ñii

pellizcar   chitéhé

penca   tīyau, ndaha yáu

penetrar   yījin, ndendoho

penoso   jā jatú, uhū, jā ndóho

pensamiento   tūhun cájani
  inī-yō

pensar   cani inī
  piensa   jáni inī-de, nácani
  inī-de

peña   cava, toto

peón   chāa sátiñu quivī

peor   ñáá-gā sáha, cáhú-gā,
  víhí-gá

pepita   jitī yiquin

pequeño   lúlí, yíquin, cuáchí

pera   pélé

peral   nupélé

perder   scuíta, xnáa
  se perdió   nī naa, nī sāna-i

perdiz   lihvi

perdonar   sáha tucáhnu inī nuū
  táhan

perdurable   jā má náa cuiti, jā
  íó níí cáni

peregrino   chāa siin ñuū, chāa
  jíca cuu yáha yúan

perezoso   cúxí, jā úun inī

perfecto   vāha xaān, jā ndáā

perfume   nducha já jáhān xīco
  luu

pericón   itā xīín

permitir   cuāha tūhun
  lo permite   jáha-de tūhun,
  játūhun-de

perseguir   chindiquīn táhan

persignarse   sáha jatūní

persona   ñāyivi, toho

perspirar   cana taīn, táín

persuadir   stétuu, scándíja

perturbar   sáñanga, cuníni
  iní-yō sáha

Peruano   ñāyivi ñúū Perú

perverso   ñāyivi ndívāha, jā
  ñáá iní, jā níhin inī

perrito   lúsu lúlí

perro   inā, tihinā, lúsu

pesado   vēe

pesar   chicuāhá
  lo pesa   chícuāhá-de
  pesa dos kilos   ñáa-i uū kilo

pescado   chácá, tiyácá

pescador   chāa tǐn tiyácá

pescuezo   yiquɨ sucún-yō

pesebre   nundóó quǐtɨ

pésimo   jā ñáá xaān-gá

pespunte   tǐcuɨ ndaha

pestaña   ixi ndúchi-yo

pestañear   nacuanī

pesuña   tehē-tǐ

pétalo   ndaha itá

petate   yuu

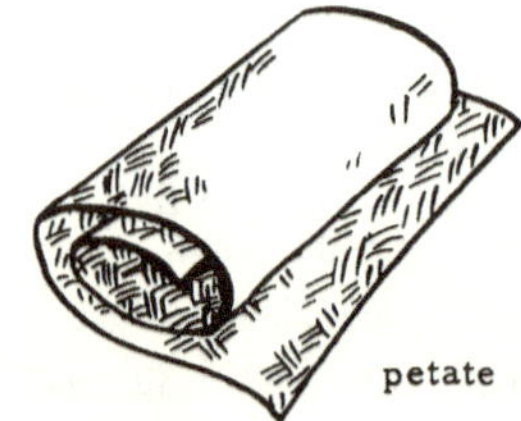

petate

piar   ndehē
  los pollitos pian   cándehē
  tɨrɨɨ lúlí

picar   chitéhé, tuu, cachi

picazón   jā cátá cátá

pie   jahā-yō

piedra   yuū

piel   ñii

pierna   sɨhɨn

pimienta   yaha tǐndúú

pimpollo   sēhe yau

pino   nuyújá

pinocha   ndaha yúja

pinole   yuchi ndúhú

Pinotepa de Don Luis, Oax.
  nduhā yúú

Pinotepa Nacional, Oax.
  ñuū yōcó, ñuū ndɨvɨ́

pintar   cahi, nacahi

pintojo   jā cáa quǐndǐ

piña (de pinal)   tɨndɨcá
  (fruta)   viji

piojo   chucu, tɨyucu

pisar   cuañū siquɨ
  lo pisa   jañú-de siquɨ

pizcar   squée itū
  lo pizca   squée-de itū

placenta   sócó-i

planchar   chuhun-yó cáa

plano   jā cáa tɨxítá

planta   yucū, nuū cuíi

planta del pie   inī jahā-yō

plantar   nachuhun, scuíta, chihi

plátano   ndica

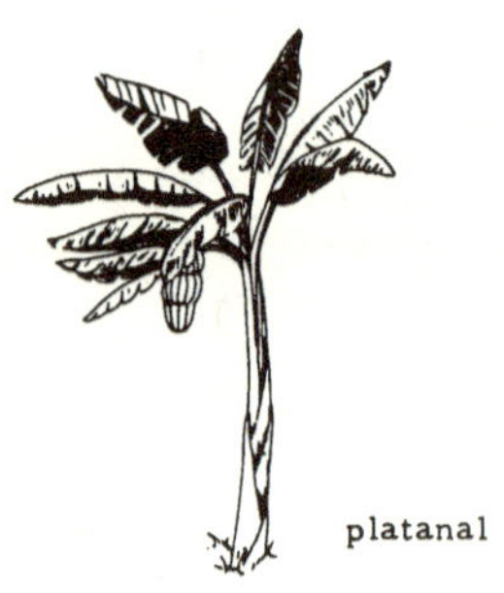

platanal

plato   cohō

plauso   jā cácatu ndáhá

playa   yundúcha mar

plaza   nūyáhu

plegar   stɨhyī
  pliega   stɨhyī-ña, cáitahnū-ña

pleito   tɨxīn

pliego   vijī tutú

pluma   tūun-tɨ

pobre   ndáhú

poco   tɨhlí-ni, ɨɨn táhú-ni

podar   xitɨ ndúū, cahnchā
  ndoso-dé

poder cuu
  se puede cúu
  no puedo tú cuu sáha-rī

polilla tīquixin

polvillo mīhín

polvo yuchi, yuchi tɨcachā

pólvora ñucáhndī

polvorizar sáyúchí, sándihī

polla ñīhín

pollera chāa ndíto chūún

pollo chūún, tiñūú, chuquí

poner chindee
  ponerse en pie nducuiñī
  la gallina pone huevos
    jaquín-tī ndɨvī
  lo pone allí yúan chíndee-de
  ponga la mesa cani-ní cohō
    nuū mesá
  el sol se pone cuāquee
    ndicāndii
  se pone rojo ndúu cuáhá
  se pone gordo nduu cáhnu
    -de
  ¿dónde lo pongo? ndénū
    chúcú-ná
  ponlo adentro taan-ro iní
    -vēhe

poniente ichi núū quée
  ndicāndii

¿por que? najā, nā jahā

porfiar cahān téyíí

porque jā yúán

portal yuxéhé

portero chāa ndíto yuxéhé

portezuela yuxéhé lúlí

porra tɨtɨ cachá

posar jungōo, quendōo

posible cuu sáha

postema niñī tāín

posterior jā vái ichi yatá, jā
  sándīhī-ná

postrar jucuiñī jɨtɨ, nduā nuū
  ñúhun

pozo sócó ndúcha

pozol, pozole nduxiā

precio yāhu

precioso jā ncháá yahu téyíí,
  jā lúu xaān

precipicio xahvā cúnú

predicar cani tūhun
  predica jáni-de tūhun

pregonar cana jaa, cahān nīhin

preguntar cacān tūhún
  le pregunta jicán tūhún táhan
    -de

premeditar nacani inī

preñada ñúhun sēhe-ña

preparar sátūha

presente jā cánchaā vitan
  ñúhni, jā á íó

presidente chāa táhú tiñu

preso chāa cándee vecāa

prestar cuāha núu
  lo presta jáha núu-de

presto jā yachí

prevaricar xndáhú, cahān
  tūhun túhún

prima
  (de un hombre) cuāha sēhe
    stoō-rī
  (de una mujer) cuhū sēhe
    stoō-rī

primero jā xnáñúú-gā, xnahān
  -gā

primo
  (de un hombre) ñanī sēhe
    stoō
  (de una mujer) cuāha sēhe
    stoō

primogénito sēhe núú

princesa sesīhí rey

príncipe sēhe yíí rey

principio nuū quéjáhá, ondē
  xnáñúú-gā

prisa yachī

probar coto nchaā
  lo **prueba** jíto nchaā-de

problema tundóho, iin jā
  jácutuu-yó jíín

procrear nandaquīn tatā,
  natahū, nandeā

profundizar sácúnú, cachā
  cúnú

profundo cúnú, cócon

prohibir casū
  lo **prohibe** jasú-de, tú jáha
  -de tūhun

prolongar sáha cáni-gā

promesa tūhun nī queyuhu-yó

prometer queyuhu

pronto yachī, vitan ñúhni

provincia ndañúū

provocar squíi inī, scáhān,
  squití inī táhan

próximo jā ncháá yani, táhan
  -yó

prudente ndíchí, cájí iní

púa iñu cuáñú

publicamente jíto nuū ñáyivi,
  jā sáha ndijīn

publicar cachā-yó túhun

público jā tú yísāhí; tācá
  ñāyivi

pudrir téhyū, tivi, jiā

pueblo ñuū

puerco quinī, cuchí

puerta yuxéhé, yuvéhe

pulga chōhó, tiyōhó

pulgar xinī ndáha cáhnu

pulido jā ní culii

pulir sálii

pulmón chahmā, tichahmā,
  tiñahmā

pulmonía cuehē tichahmā-yō,
  cuehē sāyú xaān

pulque nducha cuíjín, ndixī

pulsación jā cánda cánda tūchi
  -yó

pulverizar xndíhī, sáyúchí

puño jīquí ndáha

pupila tinúu ndúchi-yo

puramente jā nían, jián

pureza ndoo, jā íó ndoo iī

púrpura jā ndīhí

pus lacua

pústula tiyūján

Putla, Oaxaca ñuū caa

Q

que nāún, nā, jā
  ¿qué? náún
  ¿qué es? náún cúu

quebradizo iī, yáxín, táhín,
  luhū

quebrajoso cáa titáhú

quebrantahuesos tijiī

quebrantar táhú, ndátá, cahnū,
  cahnchā

quebrar táhú
  lo **quiebra** táhú-de
  se **quebró** nī tahū

quedar ndōo, quendōo

quedito náhín-ni, jā vítá cáhān

quejarse cahān sóó, tana

quelite yuā

quemar cahmu
  lo **quema** jáhmu-de
  se **quema** cayú

querer cunī
  lo **quiere** cuní-de

quiebra iin táhú, iin cuihñī

quien ndé iin, ndéjā

quienquiera nāni ñāyivi

quieto náhín yúú-ni

quijada yiqui yúhu-yo

quince xiahūn

quinto jā úhūn

quiote yutū yáu

quitar tava, quenchaā, stáxio

quizás sanaa

R

rabioso ticuehē
  perro rabioso inā ndúu ticuehē

rabo suhmā quiti

racimo ticūcú

raedura tīyuxi

raído jā ní yuxi sáhma, jā cuánducha sahma, sahma ní nducha

raíz yoho

raja yunu táhú

rajadura titāhú

rajar ndátá, xiti

rama numa yúnu, ndaha yúnu

ramoso cáa titācá

rana sahvā

rancio xīco suun

rápido yachī

rapiñar sácuíhná

rascar ñii, scuíi

rastro tahān jahā-tí

rastrojo ticuhlu

rasurar sēté

rata tiñí náhnu

rato iin nú núu-ni

ratón tiñí

ratoncito tiñí lúlí

rayo taja

raza tatā ñāyivi

reaparecer ndenda, nana

reapretar nachitéhé, nasánīhin

reata yoho cáni

rebajar naxnúu yāhu

rebaño ticuhnī rii, rii cuahā

rebozo pañú

recibir cuatáhú, naquihin

recién sácá, sáá

recio nīhin, yachī

recoger nastútú

recolar nasíjin

recomponer nasávāha

recomprar nacuaan

reconocer nacunī táhan

recontar nacahu, nacani tūhun

recordar nucūhun inī, xndácu tūhun

recortar nacahnchā, nasáha cuítí

recrecer nacuahnu

recto ndóó, ndaā

rechazar squéhichī, scúnu

rechinar naquīhñi nūhun

red ñunu

redimir nama táhan, nacuaan

redondear sátíyuū

redondo jā cáa tíyuū

reducir xnúu

reexaminar nandúcú víi, naxndichí

refirmar nasánīhin

refugiar natuhma

refulgente jā jíto xúhún

regalo iin jā cútahū-yō

regañar cana jíín, cahān xaān

regar caquīn
  lo riega jaquín-de nducha núu, cácha nūu

regocijo tūhun cúsii inī

regresar ndii, naxíó cáva, naxíó cuiñí

regruñir chihi aquɨ-tɨ yúhu-tɨ

rehacer nasáha, nasávāha

rehervir nasquitɨ nducha, naxndúhā

reinar táhú tíñu, tiɨn sōho

reirse cuacū
  se ríe jacú-de
  le hace reir scuacú-de-i

reja cāa ndíquín, yunu ndíquín

rejolla yihndɨ

relamer nacuahā-tɨ yúhu-tɨ, nayuu-tɨ yúhu-tɨ

relámpago nándeyū

relavar nacācha

releer nacahu

relimpiar nasándoo

relinchar nandáhɨ cuayú

relumbrar nastáhān ñuhūn, nasándijɨn

rellenar naschítú

remallar nachuhun-de ñunu

rematar stúhū, stɨhvɨ, sijínu

remediar nasávāha

remedio tanā

remojar naxndáji

remoler naxndíco, naxndíhɨ

remolino tɨcachā ɨchí, tɨcachā ñūhún

remoto ánáhán xáān, jā jícá

remudar nasāma

renacer nacacu jáá, nana jáá

renacuajo ndɨjichi, lisúhú

renovar nasájáá

reñir cahān xaān, státáhan

reo chāa cándee vecāa

reparar nasávāha

repasar xndácu, naxndáa, nasáha

repedir nandacān

replantar nachihi, nachuhun, nasaca

replegar nacaitahnū

replicar nachísó túhun, xndíó cuiñí tūhun

repollo yuā tɨlūú

reponer nachuhun, nachúcú, nachindee, nataan

reposar ndetātú, cutúu, nungāva

resbalar quelɨhvɨ, queliáca

rescatar nama
  le rescata náma-de-i, cácu-i sáha-de

rescoldo tɨcuā ñuhūn, yíhi ndíyí chīi yaā

resecar nasihichí

reseco jā ní naxiī, nī quiqui, jā cáa tɨcuéro, cáa tɨrándi

resembrar nachuhun, nachihi

resfriado cajin

residuo jā ní ndōo-gā, jā ní ndendoso, iɨn tiɨn-gā

resina sūsia

resobrar ndendoso, ndōo-gā

resonar ndáxín cáxín

respigón tɨcā xíhi

resplandecer ndii ncháā, ndeyū, taja, ndii ndáxín, ndii níhni

responder xndíó cáni tūhun

resquebrajoso jā ní culuhū

resucitar nachacū

retajar xɨtɨ ndúū

retallecer nachuhun sēhe, natahū sēhe

retama ndācu tɨcúhu

retapar nacasū, naxndíhū

retejer nacunu, naxīán

reteñir nacáxín, nacáján

retintín   jā ndáxín cáxín

retirado   jícá, jā yīhi caā

retoño   jā ní nana nduū, sēhe
jā ní nana ndúū xíin

reunirse   natacā, ndutútú

revender   naxīcó

reventar   cahndī
lo reventó   nī scáhndī-de
se reventó   nī cahndī

reverente   jā cóo jīñúhún, iī

revés   ichi yatá, ñúhun yátá-yó

revolver   xíó cáni
lo revuelve   xíó cáni-de
se revuelve   jíó cáni

rey   chāa cúñáhnu inī ñuū,
chāa táhú tiñu

rezar   nacuatu

rezumarse   too, ndendoho,
jīhin, yījin

ribera   yuhu ndúcha

rico   cúcá

riego   jā jaquín-de nducha núū
itú

rifle   nujīí

rincón   jiquī

riñon   nduchi iní-yō

río   yūcha

río

rizar   sáha china
lo riza   schíngi-i ixi-í

robar   quicuíhná, sácuíhná

roca   cava, yuū cáhnu, toto

rociar   cosō yúyú
lo rocia   josó yúyú-de
nducha, josó ndíquín, josó
ndihī

rocío   yúyú, chūxí

rodar   stúu-yó yúū
lo hace rodar   stúu-de yuū,
scuícó, túu-de yuū
rueda   túu

rodear   cuícó ndúū
lo rodea   jícó ndúū-i

rodilla   xinī jītī-yō
doblar las rodillas   jucuiñī
jītī

roer   xiti
el ratón roe   xiti-tī yóho

rojo   jā cuāhá

romerillo (planta)   tīcuhu táná

romper   táhú, ndátá
lo rompió   nī táhú-de, nī
ndátá-de
se rompió   nī tehndē, nī
ndatā, nī tahū

roncar   quitī xinī
ronca   quitī xinī-dé
está ronco   cáhān nahma-de

roncha   tinduxā

ropa   sahma

rostro   nuū-yō

roto   jā ní tehndē, jā ní tahū,
jā ní tahnū

ruidoso   jā cúvaā
hace ruido   sáha vaā-i

S

saber   cunī
lo sabe   jiní-de

sabiduría   tūhun ndíchí

sabina   nuhīní stilá

sabio   ndíchí, jā cájí xiní

sabor   xicō táhni-yó

saborear   sáha asūn

sabroso asūn

sabuloso cáa tiñítí

sacar tava, queñihin, chaxio

sacerdote sutū

saciar ndahā chīi

saco sahma ndáí

sacrificar socō
  lo sacrificó nī socō-dé iin
    ndatiñu

sacudir caja, quisi

sagrado iī

sal ñiī

salado uhā, jā ní nduu uhā

salar sáha uhā

salario yāhu-yó

salero nuū ñúhun ñiī

salir quenda
  salieron nī cāquenda-de,
    nī quenda coyo-de
  sale el sol cána ndicāndii
  sale el agua nána nducha,
    cána nducha
  ¡salga! cuáhán

saliva tisīhví

salsa de chile nducháhá

saltar ndava, canda

salud jā íó ndanu, jā ndáján

saludar nacuatáhú

salvar nama
  le salva náma-de-i
  me salvé nī cācu-rī

San Andrés
  Chicahuaxtla, Oax. ñuū tūnú

San Juan
  Mixtepec, Oax. ñuū xinī vícó

sanar xndúvāha
  lo sana xndúvāha-de-i
  se sana ndúvāha-i

sanativo táná

sangrar queñihin niñī

sangre niñi

sangriente niñí

sanguijuela coō ñáhna

sano ndanu, ndáján, tú cuhū

Santa Lucía Monte
  Verde, Oaxaca ñuū loo

santificar sáha iī

santiguar sáha jatuní

sapino nuhīní stilá

sapo ricóhndó, ndicóhndó

sarampión ndīhyi xáá

sarape ticāchí

sarna ticáta

sarnoso cáa ticátá

satanás cuihnā, jāhú

secar sihichí
  lo seca sihichí-ña
  se seca náhichī, náxiī

seco íchí

secreto tūhun sāhí, tūhun yāá

sed jā jichí-yō ndúcha
  tengo sed jichí-rī nducha

seguir cundiquīn
  me siga ndiquín-de ruū
  sígale cundiquīn-rō-dé

según nátūhun, ndasa

segundo jā úū
  segundo libro tutū uū
  dos libros uū tutū

seguro cútu, ndaā, nīhin

seis iñū

sello tunī, iin jā ní ndaxīn
  siquī

sembrador chāa sáca triú,
  chāa chīhi itū

sembrar saca, chihi, cachā
  lo siembra sáca-de
    (trigo) sáca-de triú
    (maíz) chīhi-de nunī
      jachá-de

semilla tatā, jitī, ndiquīn

sentarse jungōo, nungōo

seña, señal tunī

señor jitohō, tohō, tatá

señora ñahan, naná

separar sásīn
    lo separa sásīn-de
    se separa ndúu sīn

séptimo jā usiá

sepulcro vehe añú

sepultar chindūji
    lo sepulta chíndūji-de
    está sepultado a nī yūji-de,
     yíndūji

ser cuu
    yo soy máá-rí cúu

serpiente coō

serpiente

servidor chāa játīñu

servir cuatīñu
    sirve játīñu-de
    no sirve tú nīhīn tíñu

sesenta unī xico

seso meque xinī-yō

severo xaān, nīhin inī

sexto jā iñú

si nú

sí suu, véē, jaān, cuu

siega quivī táhnū

siembra quivī chīhi, quivī
    jachá

siempreviva itā sāá

sien, sienes jā jiní tuní-yō

siete usiā

siglo cien cuiā

siguiente jā vái-ún, jā cháā

silbar tutu, scásúú

silencio jā náhín-ni īin, náhín
    yúú-ni

silla teyū

simiente tatā

sin jā tú íó

sincero jā íó cájí iní, jā íó
    ndija, jā ndáā ndija

siniestro ladó vésé, ndaha
    sáni, ndavésé

sinuoso jā cáa yohō, cáa
    tícuángó

sobaco chixehē

soberbio jáhā inī, ndúxí

sobrar ndendoso, ndōo-gā

sobre siqui

sobre todo cánúú-gá

sobrina xicū

sobrino sajīn

sofocar xnéhnē

soga yoho cócon

sol ndicāndii

solamente máni, máá súan-ni,
    jían

sólido jā cáa yúú

solo iin-ni, máá ún

soltar ndájí, sía

soltera ñahan máá-ín

soltero chāa máá-ín

sollozar ndahī, ndehē

sombra cati

sombrear sáha cati

sombrero cachíní

sonaja tíndáxín

sonar cáxín cáa, cáján

sonreir xihī-yō yúhu-yo
    sonríe xīhī-i yuhu-í,
    chísihī-i yuhu-í

soñar scóto jāni
    sueña jání-de, cáhān jāni
    jíín-de, scóto jāni-i-de

sopar chindaji-yó stáā

soplador vīchi

soplar quee, tivī, caja
  el viento sopla quée tachī
  lo sopla (instrumento) tivī
    -de yaā
  lo sopla (el fuego) cája-dé
    ñuhūn

sopor numāhná, quixī naa-ī

sordo sóhó, chāa sóhó

sordomudo chāa sóhó ñīhín

suave vītá

suavizar sávītá

subir caa
  lo sube cáa-de
  se subió nī ndaa
  lo hace subir scáa-de,
    xndáa-de, cáñaa-de

subterráneo chīi ñuhun

sucio cháhán

sudar cana taīn

sudor taīn, cahni, tañī

suegra náā chīsó

suegro táā chīsó

suelo ñuhun

suelto tahya, jinu

sueño ñujāni, numāhná
  tiene sueño jīhī-i numāhná

sufrir ndoho

sumergir sténe
  lo sumerge sténe-de-i
  se sumerge téne-i, sáhu-i

suplicar cahān ndāhú
  me suplicó nī cahān ndāhú-i
    jīín-rí
  le suplica jicán tahū-ī

surcar cani-yó yucún
  surca jáni-de yucūn

surco yucūn

suspirar cuaca nūu inī
  suspira jáca nūu inī-i

susurrar cahān yāá, nihin,
  cayu

T

tabaco inu

tábano tīcahndu

tacaño chāa xīi inī, rúī-de

talón xuū sihyi-yó

tallo nduhu, yutu yáu, vāu

tamal staā ñāmá, ticóo, stayūú

tambalear caca xīin
  tambalea jíca xīin-de

también suni

tampoco suni tú, nasūú

tañedor chāa tivī yaā

tapanco xinī véhe

tapar casū
  lo tapa jasú-de siquī
  está tapado ndíhū

tarántula tīcacan ́ní

tardar cucueē

tarde aíni
  se hace tarde cuāhini
  buenas tardes tā nī ini

tartamudo chāa cáhān stété

tatarabuela naná ñúū súcá

tataranieto sehe tijání súcá

tecolote tīñuu

tecomate yajin

techo xinī véhe, ndīca véhe

tejer cunu

tejolote yuū yáhá

tejón yiyī

tejón

tela   sahma

telar   yunu cúnu

telaraña   xnduhā

temazcal   ñîhin

temblar   quisi
   tiembla   quísi-i-de

temer   yūhú

temeroso   yúhí-i, ĭo-i, chīnu-i

tempestad   jā quée tachī xáān,
   jā ío xaān sáha quivī

temprano   ja ñáhān

tenamaxtle   yīhí

tenate   ndohō

tenate

tender   caquīn
   lo tiende   jaquín-de, scáā-de

tendones   tūchi

tener   ñávāha
   lo tiene   ñávāha-de
   tiene hambre   jîhī-i sōco
   tiene sed   jichí-i nducha
   tiene sueño   jîhī-i numāhná
   tiene frío   távījin-i
   ¡ten!   chî

tenso   tii, lili

teñir   cahi

tepache   nducha cuáhá

tepalcate   chío, tichío

Teposcolula, Oax.   yucu ndáá

tercero   jā uní

tercio   chīso nducū

terco   ndava, nīhin inī

terminar   ndihi, jīnu
   se termina   cuāndihi, cuajīnu
   lo termina   stúhū-de, xndihi
   -de

ternero   chelu

ternura   jā yúcha, jā ndíxí

terremoto   ñutáan

terreno   ñuhun
   terreno en descanso   yīhi

terrible   jā ndéhé cáa, jā ñáá
   xaān

terrón   pehlo ñúhun

tesoro   yajī

tía   xīi

tibio   vixī

tiempo   máá quiví
   tiempo de aguas   vico sáú

tierno   jā yúcha, yíquîn

tierra   ñuhun, ñuyívi, ñuū

tieso   lili, tii, cuyúnú

tigre   cuiñī

tinaja   quīyi

tinieblas   ñuñáa

tío   stoō

tirar   squée, scána
   lo tira (piedra)   jotó-i yuū
   tira un cañonazo   tiví-i nujīí

tiritar   quisi, cuinu

tisis   cuehē xīi

tizne   tuūn

tizón   yunu ñúhūn

tlacuache   jāco

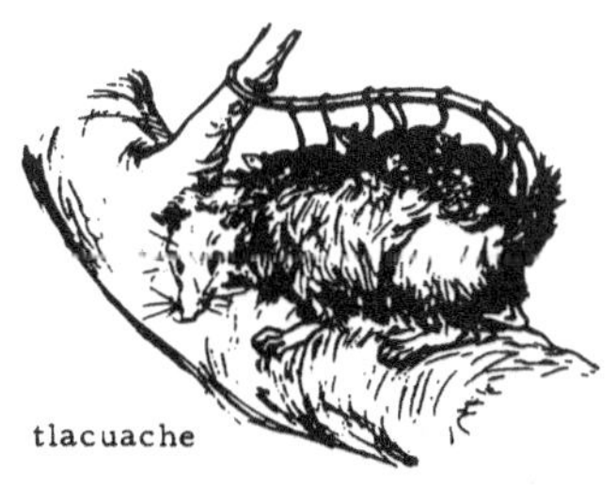

tlacuache

Tlaxiaco, Oax.   ndījinu

tobillo   quisi ñíí-yó, sucūn
   jáhā-yō

tocar quéhé, chaa
  no lo toques mā quéhé-ró
  lo toca (instrumento de mú-
    sica) cháa-de yaā
  la toca la puerta scáján-i
    yuxéhé

todavía no chahān-gā

todo tācá, ndivii, iin ndihi
  todo el día ncháca ncháa
  todas partes nff cáhnu-ni

tomar coho, quihin
  lo toma (bebida) jíhi-de
  lo toma (una cosa) quíhin-de
  le toma (en brazos) júnu
    ncháā-de-i

tomate tīnana cuáhá

tomate

tonto jā cáñáá xinī

topil tanu

topo tusá

torbellino ticachā xaān,
  ticachā īchí

torcer cava, scuícó

toro xndiquī

tortear catu-yó stáā

tortilla staā

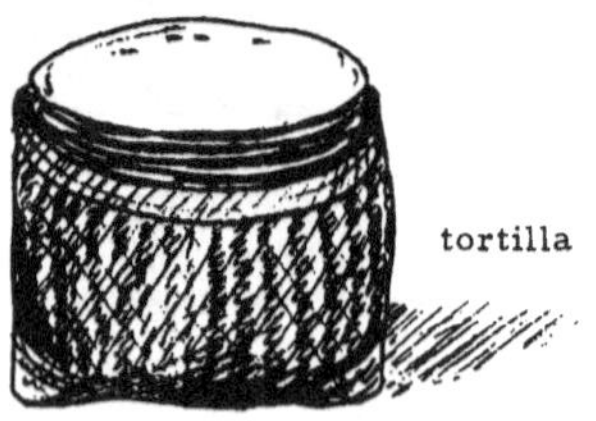

tortilla

tos cuehē cáyu-yó

tostado jā ní casūn

tostar scasún
  lo tuesta scasún-ña
  está tostado nī casūn

tostón cuūn xúhún, xūhún cúun

trabajar sátiñu
  trabaja ajeno sátiñu tatū-de

tradición tanīnu ndīyi táā-yō

tragar cócó

tramo xihō

tranquilo náhín yúú-ni íin

transformar sáha jáá-de,
  násāma-de

trapo sahma téhndé

tras ichi yatá

trasladar chaxio, scuíó cáni,
  nasjáha

trastornar scáni ndee

trastos cohō

trece uxī unī

treinta ocō uxī

trenza lasú

trenzar natiin-i lasú xinī-í

tres unī

trigal nuū cáa triú

trillar cuícó
  lo trilla jícó-de, jaxín-de
    triú

trinchera jīchi ñuhun

tripa jitī

triple jā uní táhān

triquina, triquinosis tindíi

triste cucuíhā inī

tronar cahndī andívī, cahān
  taja

tronco nduhu, yunu cáhnu

tropezar scáchihi jahā

trueno taja

tú róó, máá-ró

tuétano meque xinī

tumba vehe añú	lo **vacía** scóyo -de, jíó cóyo -de, jocón -de

tumba   vehe añú

tumbar   stúnchaā, xndíó cáni

tumor   cuañuhún sóó

tuna   chiquí

tunal   nuvíhnchā

turbar   cuñáá inī, yūhú

tutear   cahān ndēhé

tuyo   máá-ró xíín, cuentá
    máá-ró

U

último   sandīhí-nā

umbilical   jitī cōhó, xendu

uncir   chaa-de yugo-tī

ungir   chihi
    lo unge   jíhi-de-ún jiín aceite

único   máá túhún-ni, máá túhún
    xíí-ni

unigénito   iin máá túhún-ni sēhe

unir   squétáhan, stútú

uno   iin

untar   cuhu, cuaca, chihi

unto   xāhan cuchí

uña   tíñu

urdimbre   xohō isā

urgente   cánúú

usado   jā tūhú, jā áva, jā á nī
    jatíñu

usar   cuatíñu
    lo usa   játíñu-de

usted   níí, máá-ní
    ustedes   níí jínáhan-ní

útil   játíñu, iin jā níhīn tíñu

V

vaca   xndiquī sīhí

vaciar   scóyo

lo **vacía**   scóyo -de, jíó cóyo
    -de, jocón -de

vacío   íú

vaho   yocō ndúcha

valer   cunchaā
    ¿cuánto vale?   nāsaa ncháá
    vale mucho   ncháá yahu

valiente   chāa ndéé inī, chāa
    cáa ndáján

valle   yihndī, iin nduhā

vano   tiñu sáni

vapor   yocō

vara   yunu xíi

varios   tinī nuū

varón   chāa

vástago   numa yúnu

vecino   chāa ncháá yani

veinte   ocō

vela de cera   yiti ñúmá

velar   ndito

¡ven!   ñahān

vena   tūchi

venado   isū

venado

vender   xīcó

veneno   nducha cuiñi, tanā ñāá

venir   vāi, vāji, chaā, quii

ver   cunī, ndēhé
    vamos a ver   ná ndéhé-yó
    no lo he visto   tú cunī-gā-rī
    jiān
    yo le ví   nī jinī-rī nuū-dé

verano   vico sáú

verdad   tūhun ndaā

verde   cuíi

verde (no maduro)   yīhí

vergüenza   túca nuū

vértebra   yiqui yatá-yō, yiqui
  suhmá

verter   cati
  lo vertió   nī jati-de

vertical   índee tuun

verruga   ticuīñá

vestirse
  (con zapatos)   yīhi-de ndijān
  (con blusa)   ñúhun-ña súhnū
  (sombrero)   yīhi-de cachíní
  (sarape)   ndíi-de ticāchí
  (con falda)   cunāmá-ña xóo
  -ña

vez   jíca, jínu
  tres veces   unī jínu, unī jíca

vía   ichi

viadera   quīin

viajar   caca cuu
  viaja   jíca cuu-de

víbora   coō cáá

viejo   jā tūhú, jā ní yii, jā
  áva-ún

viento   tachī

vientre   toco, sócó

viga   vitū

vil   jā ñáá, jā ndéhé cáa, jā
  quíni

viña   itū uvá

viruela   ndīhyi téhyú

viuda   ñahan ní quendōo ndáhú

viudo   chāa nī quendōo ndáhú

vivir   chacū, cuchacū
  él vive   chacú-de
  ¿dónde vive?   ndénū ncháá
  -de

vocear   cana cóhó

volar   ndéché

vuelan   cándéché-tī
los hacen volar   xndéché-dé.
  -tī

voltear   scuícó cáni

volver   naxíó cáva, nohōn

vomitar   nduxian

vosotros   róó jínáhan-ró

voz   tachī, ndusū

Y

ya   a
  ya está   a ni cuu

yacer   cutúu

yema (de la flor)   luhlu itá;
  (de huevo)   ndivi cuāán

yerba   yuā, nduā, yucū

yerba de tapon   cándóhó

yerba mora   yucū tilaxun
  cuáñúhún

yerba santa   yuā ndoō

yerbabuena   itā minú

yerno   sēhe cāsá

yo   ruū, máá-rí, náá, máá-ná

Yosondua, Oax.   sánchāu

yugo   yucú-tī

Z

zacate   ndayóho, ichā

Zacatepec   yucu átucha

zacatón   ichā véhe, ichā ndāhá

zancudo   ticuáñú, tiyiyī

zanja   jīchi cáhnu

zapato   ndijān

zapote   ndoco
  zapote negro   ndoco túún
  zapote amarillo   ndoco
  sácáan
  zapote blanco   ndoco īñú

zapodilla   ndoco cusún

zaranda   tɨyɨhvɨ́ síjin

zarandar   síjin

zarza   yucū īñú

zopilote   tijiī
  zopilote rey   tɨjiī nī yii

zorra   ñūcuii

zorrillo   chīhín, tiñīhín

zorrillo

zumbar   nɨhɨn
  lo hace zumbar   xnɨ́hɨn

zurdo   lado sáni, ndaha sáni

APENDICE I

LA ORTOGRAFIA MIXTECO

A. El Alfabeto

1. Descripción en general:

La mayor parte de los sonidos del Mixteco de San
Miguel el Grande es semejante a los sonidos del Español, y
se representa con las mismas letras del Español. El alfabeto
mixteco que se presenta a continuación corresponde a los
sonidos del idioma Mixteco como se habla en la región Mixteco Alto del Estado de Oaxaca. En esta región cada pueblo
tiene su propio subdialecto; es decir el Mixteco que hablan
tiene ciertos cambios de los tonos, de los fonemas, y del
vocabulario que lo distingue del habla de los demás pueblos,
por lo que es posible reconocer el pueblo de donde es el
hablante tan sólo por su modo de hablar. Aunque no hemos
incluído dichos cambios dialectales, esperamos que este
vocabulario sirva en muchas partes de la región.

El alfabeto mixteco se compone de veinticuatro
letras, a saber: a, c, ch, d, e, g, h, i, ɨ, j, l, m, n, ñ, o,
p, q, r, s, t, u, v, x, y.

2. Reglas de pronunciación:

Los que no están acostumbrados a leer en Mixteco
deben aprender ciertas reglas antes de intentar leer y pronunciar las palabras aquí escritas. Tomando en cuenta las
reglas, no será muy difícil leer en Mixteco. Dichas reglas
son:

a. Los sonidos cuya pronunciación es más o menos
igual en Mixteco y en Español: a, c, ch, d, e, i, j, l, m, n,
ñ, o, p, q, r, s, t, u, v, y.

b. La letra 'h' indica un pequeño cierre glotal o
"saltillo" entre dos vocales o sílabas. Es necesario indicar
la presencia de estos saltillos porque en muchos casos es la
única diferencia entre dos palabras.

Ejemplos:

uū	'dos'	y	uhū	'doler'
sama	'cambiar'	y	sahma	'ropa'

c. La letra 'x' representa un sonido que todavía se oye en muchas palabras de origen nahuatl, como 'xical', 'ixtle', 'Tuxtla,' etc. Este sonido es semejante al que produce el arranque de un cohete, y se encuentra en palabras mixtecas como xinī 'cabeza'.

d. La letra 'n' al principio o en medio de la palabra, se pronuncia como en Español; al final sólo indica la nasalización de la vocal que la antecede.

Ejemplos:

cuū	'morir'	y	cuūn	'cuatro'
uhū	'doler'	y	uhūn	'cinco'

e. A veces las consonantes ch, d, g, tienen una calidad nasal, y entonces se escribe una 'n' antes de la consonante.

Ejemplos:

nchaā	'regresar'
ndica	'plátano'
jungōo	'sentarse'

3. Las Vocales:

En Mixteco hay seis vocales. Todas son semejantes a las del Español menos la 'ɨ'. Esta vocal se pronuncia con la lengua en posición para pronunciar la 'u' y con los labios en posición para pronunciar la 'i'. Es necesario escribir esta secta vocal, porque es distinta de las otras, y su uso indica la distinción de sentido entre palabras semejantes como por ejemplo, entre nɨ́ɨ 'entero' y nɨ́ɨ 'usted'.

Todas las vocales mixtecas con excepción de la 'e' se pueden pronunciar también con una calidad nasal.

Ejemplos:

caā	'extenderse'	y	caān	'agujerear'
iī	'delicado'	y	íin	'está parado'
cócó	'tragar'	y	cocon	'prender'
cuhu	'frotar'	y	cuhun	'contener'
tiɨ	'tenso'	y	tiɨn	'agarrar'

B. El Guión

El enclítico forma parte de la palabra anterior y por lo tanto se une a ésta por medio de un guión. La palabra y el enclítico no se pronuncian por separado pero el enclítico conserva su propio acento. La mayoría de los enclíticos son pronominales.

Ejemplos:

quihīn-ná	'me voy'
cachíní-rí	'mi sombrero'
inā-rī	'mi perro'
cuayú-de	'su caballo de él'

C. Los Tonos

1. Descripción en general:

El Mixteco es un idioma tonal; es decir que hay palabras que se distinguen una de la otra no sólo por las letras sino también por el tono cuasimusical de la vocal. Hay tres niveles de tono en Mixteco Alto: (´) indica el tono más alto; (⁻) indica el tono más bajo; el tono medio no se escribe. En los siguientes ejemplos se observa cómo a consecuencia del tono cambian de significado palabras que de otra manera serían iguales.

Ejemplos:

yuū	'piedra'	yāhá	'éste'	chaa	'escribir'
yuu	'petate'	yáha	'aquí'	chaā	'venir'
yúú	'sólido'	yaha	'chile'	chāa	'hombre'

A veces el tiempo del verbo se indica sólo por el tono.

Ejemplos:

cáhān-ná	'estoy hablando'
cahān-ná	'hablaré'
cháa-ná	'escribo'
chaa-ná	'escribiré'

En palabras de dos sílabas, hay ocho combinaciones posibles de estos tonos:

alto-alto	mediano-mediano
alto-mediano	mediano-bajo
alto-bajo	bajo-alto
mediano-alto	bajo-mediano

2. La Perturbación:

a. Descripción

Las palabras de este dialecto del Mixteco Alto se dividen en tres clases según un sistema de perturbación de los tonos que es inherente al idioma. Es decir, los tonos básicos de ciertas palabras ocasionan automáticamente un cambio en los tonos de ciertas palabras con las cuales se combinan.

>   b.   Las Tres Clases

>   1)   Primera Clase

Las palabras de la Primera Clase nunca ocasionan perturbación tonal en otras palabras. Las palabras con las siguientes combinaciones de tonos siempre son de la primera clase: alto-bajo, mediano-alto y bajo-mediano, mientras que las palabras con las otras cinco combinaciones pueden ser de la primera o de la segunda clase.

>   2)   Segunda Clase

Las palabras de la Segunda Clase ocasionan perturbación en el tono de las palabras que las siguen. Se observa tal cambio con la yuxtaposición de palabras de las primeras dos clases en las frases en que la palabra chāa 'hombre' y uū 'dos' pertenecen a la primera clase, mientras que sūchí 'niño' y cuūn 'cuatro' pertenecen a la segunda clase:

>   chāa vāha 'buen hombre'   sūchí váha 'buen niño'
>   uū chāa   'dos hombres'   cuūn cháa   'cuatro hombres'

>   3)   Tercera Clase

Las palabras de la Tercera Clase causan perturbación sólo cuando sus propios tonos no han sido perturbados. Los enclíticos pronominales -ña 'ella', -tĪ 'animal', y -yā 'dios o santo' pertenecen a esta clase.

Ejemplos:

>   QuihĪn-ña vína.   'Ella se va hoy. '
>   Quee-ñá vina.   'Ella comerá hoy. '

>   c.   Reglas de Perturbación:

>   1)   La combinación tonal mediano-bajo se perturba a la de mediano-alto, excepto en las palabras en que se encuentran juntas dos vocales idénticas o un cierre glotal entre dos vocales. En estos casos la secuencia tonal se perturba a alto-bajo.

Ejemplos:

>   isō   'conejo'   cuūn isó   'cuatro conejos'
>   coō   'culebra'   cuūn cóō   'cuatro culebras'
>   cuhū   'hermana'   cuūn cúhū   'cuatro hermanas'

2) La combinación tonal mediano-mediano se perturba a la de alto-mediano.

Ejemplos:

vehe	'casa'	cuūn véhe	'cuatro casas'
ichi	'camino'	cuūn íchi	'cuatro caminos'
cuu	'es posible'	mā cúu	'no es posible'

3) La combinación tonal bajo-mediano se perturba a alto-mediano.

Ejemplos:

ndūyu	'palo'	cuūn ndúyu	'cuatro palos'
chāa	'hombre'	cuūn cháa	'cuatro hombres'
sēhe	'hijo'	cuūn séhe	'cuatro hijos'

4) La combinación bajo-alto se perturba a alto-alto.

Ejemplos:

sūchí	'niño'	cuūn súchí	'cuatro niños'
yūhú-i	'tendrá miedo'	mā yúhú-i	'no tendrá miedo'

5) Hay ciertas palabras en las que nunca hay perturbación del tono. Estas palabras son las que se pronuncian con las siguientes combinaciones de tonos básicos:

alto-alto
alto-mediano
alto-bajo
mediano-alto

APENDICE II

LOS SUSTANTIVOS

A. Los Nombres

El sustantivo mixteco nos indica que o quien hace el acto expresado por el verbo. Este nombre mixteco no distingue entre el singular y el plural. Es decir, no indica si se habla de una sola cosa o más. Por ejemplo, quiti significa 'animal' o 'animales'. Para determinar el número, hay que añadir un adjetivo que sea una cifra o una palabra que exprese cantidad.

LOS SUSTANTIVOS

Ejemplos:

quiti-ná	'mi animal'
uū quiti	'dos animales'
cuahā quiti	'muchos animales'
tācá quiti	'todos los animales'

B. Los Enclíticos Pronominales

1. Descripción

Los pronombres son las palabras que se usan para
no repetir muchas veces los nombres. En Mixteco estas son
los enclíticos pronominales, que son las formas reducidas
de los sustantivos que consisten en dos sílabas.

Estos enclíticos, sí, distinguen entre la forma singular y la forma plural, aunque es posible indicar el número
solamente por un cambio en el verbo.

Ejemplos:

scuáha-de	'El está estudiando. '
scuáha-de jínáhan-de cáscuáha-de	'Ellos están estudiando. '
nī quii-ña	'Ella vino. '
nī quii-ña jínáhan-ña nī quicoyo-ña	'Ellas vinieron. '

Los ejemplos que se dan a continuación indican varias
diferencias entre la gramática mixteca y la gramática caste-
llana.

Forma Sustantiva	Forma Enclítica		
	Singular	Plural	
náá	-ná yo (formal)	-ná jínáhan-ná (exclusivo)	nosotros
yóó		-yō jínáhan-yó (inclusivo)	nosotros
ruū	-rī yo (familiar)	-rī jínáhan-rī (familiar)	nosotros
níí	-ní usted	-ní jínáhan-ní	ustedes
róó	-rō tú	-rō jínáhan-ró	vosotros
chāa	-de él	-de jínáhan-de	ellos
ñahan	-ña ella	-ña jínáhan-ña	ellas
sūchí	-i niño	-i jínáhan-i	niños
quiti	-tī animal	-tī jínáhan-tī	animales
ihā	-ya dios, santo	-yā jínáhan-yā	dioses, santos

2. El uso principal del enclítico pronominal

Este enclítico se usa como el sujeto del verbo o como el objeto, y así no cambia su forma. El orden en que las palabras están puestas indica el sentido. El sujeto siempre va delante del verbo, y el objeto siempre le sigue.

Ejemplos:

Nĩ sásũn-de-i jínáhan-i.   'El separó a los niños. '
Sácuĩhā inĩ-de-ña.   'El la entristece. '

Esta regla tiene una excepción. No se usa la forma de la primera persona familiar, -rĩ, en la posición del objeto. En este caso se requiere la forma completa del sustantivo.

Ejemplos:

sĩyúhú-ña-ĩ   'Ella asusta al niño. '
sĩyúhú-ña rúũ   'Ella me asusta. '

C. Frases Preposicionales

Los conceptos de tiempo, posición o localidad se expresan comunmente en Español por frases preposicionales. En Mixteco estos conceptos se expresan por un tipo de frase en que unos nombres, principalmente de las partes del cuerpo humano, se juntan con otros nombres para modificarles para expresar estos conceptos.

Ejemplos:

xinĩ	'cabeza'	xinĩ véhe	'encima de la casa'
chĩi	'estómago'	chĩi ñuhun	'bajo la tierra'
yuhu	'boca'	yuhu íchi o yuhíchi	'al lado del camino'
nuū	'cara'	quihĩn-ná nuū yúcu	'Me voy a la montaña. '
		quihĩn-ná nuū uná quivĩ	'Me voy en ocho días. '
yatā	'espalda'	yatā viñūhun	'atrás de la iglesia'

APENDICE III

LOS VERBOS

A. Descripción en general:

El verbo mixteco es la parte de la oración que expresa
una acción o estado del sustantivo o sujeto. La forma del
verbo mixteco varía según el modo de la acción, el número
del sujeto que efectúa la acción, y el tiempo a que el verbo
se refiere. Además los verbos mixtecos se dividen en dos
voces de las cuales la activa es más numerosa que la pasiva.

B. Descripción de los Prefijos

El modo de la acción se expresa en Mixteco por prefijos
que son letras o sílabas que van delante de la raíz básica del
verbo. (La raíz básica del verbo es la forma del tiempo
futuro.)

1. El prefijo causal

La idea de causar la acción del verbo se expresa
por el prefijo causal, o sea, por s-, si-, x-. Cada uno de
estos prefijos va delante de ciertos verbos únicamente:

El prefijo s- se pone delante de las raíces verbales
que principian con una de estas consonantes: c, ch, q, o t.

Ejemplos:

cuacū-ná	'reiré'	scuacú-ná-ña	'haré que ella ría'
ni chohō	'se coció'	nī schóhō-ña	'ella lo cocinó'
quīvi-de	'entrará'	nī squívi-de-i scuelá	'El hizo que entrara el niño en la escuela. '

El prefijo si- se pone delante de las raíces verbales
que principian con una de estas letras: i, j, o y.

Ejemplos:

nī ichī	'se secó'	sīhichí-ná	'estoy secándolo'
nī jīnu	'se terminó'	sijínu-ná	'lo terminaré'
yúhú-ná	'tengo miedo'	siyúhú-ná-de	'le espantaré'

El prefijo x- se pone delante de las raíces verbales
que principian con estas consonantes: n, nd, o ñ.

Ejemplos:

ndéché-tī	'el pájaro está volando'	xndéché-dé-tī 'los hacen volar'

nĭ naa-í   'se perdió el niño'   xnáa-dé   'lo destruye'

2. El prefijo de repetición

Cuando el prefijo <u>na</u>- se pone delante de un verbo, expresa la repetición habitual de la acción del verbo.

Este prefijo va solamente delante de la forma del tiempo futuro del verbo. El tiempo pasado se indica por la misma forma y la misma secuencia de los tonos del tiempo futuro, pero antecedida por la palabra <u>ni</u> que indica acción terminada. El tiempo presente se indica con la misma forma del futuro pero con tono alto en el prefijo <u>na</u>-.

Tiempo Futuro		Tiempo Pasado	
quĭcu-ná	'coseré'	nĭ quĭcu-ná	'cosí'
naquĭcu-ná	'remendaré'	nĭ naquĭcu-ná	'remendé'
cuña-ná	'lo abriré'	nĭ juña-ná	'lo abrí'
nacuña-ná	'lo reabriré'	nĭ nacuña-ná	'lo reabrí'

Tiempo Presente

quícu-ná	'estoy cosiendo'
náquĭcu-ná	'estoy remendando'
júña-ná	'estoy abriéndolo'
nácuña-ná	'estoy reabriéndolo'

3. El Prefijo Plural

Cuando se pone el prefijo <u>ca</u>- delante de la forma del tiempo pasado o del tiempo presente de un verbo, se indica un sujeto plural. El prefijo <u>ca</u>- nunca se usa con el tiempo futuro del verbo.

Ejemplos:

Tiempo Pasado		Tiempo Presente	
nĭ yee-dé	'El comió.'	yée-de	'El come.'
nĭ cayee-dé	'Ellos comieron.'	cáyee-dé	'Ellos comen.'

4. Posición de Prefijos

Se observa estrictamente la posición de estas tres clases de prefijos verbales. Siempre deben ir en el orden siguiente: Prefijo plural, más prefijo de repetición, más prefijo causal, más la raíz del verbo:

cá+na+s+quee cánasquée-de-tĭ 'Ellos alimentan los
                              animales de nuevo.'

5. El Prefijo Verbal

Se pueden usar varios prefijos para hacer verbos de

adjetivos. Por ejemplo, un verbo se hace cuando la forma corta sa- del verbo sáha 'hacer' se pone delante de un adjetivo.

Ejemplos:

sá+ndoo	'limpio'	hace sándoo	'limpiar'
sá+cuití	'corto'	hace sácuití	'recortar'
sá+vāha	'bien'	hace sávāha	'componer'

Los prefijos s-, si-, x- también hacen verbos cuando se ponen delante de adjetivos. Por ejemplo, cútú 'lleno' hace scútú 'llenar, ndáhú 'pobre' hace xndáhú 'mentir'.

C. Descripción de los Tiempos Principales de los Verbos

El verbo mixteco manifiesta tres tiempos principales, que son el tiempo futuro, el tiempo pasado y el tiempo presente. La distinción entre estos radica en los tonos además de las letras. El tiempo futuro y el tiempo pasado llevan los mismos tonos, mientras que el tiempo pasado y el tiempo presente tienen las mismas letras. Además, ni que indica 'acción terminada' precede la forma del tiempo pasado del verbo. En cuanto a los tonos, todos los tiempos son idénticos si las palabras pertenecen a las clases que se pronuncian con estas combinaciones de tonos: alto-alto, alto-mediano, alto-bajo, mediano-alto.

Ejemplo:

scuáha-ná	'voy a estudiar'
nī scuáha-ná	'estudié'
scuáha-ná	'estoy estudiando'

D. Conjugación de unos verbos en los tres tiempos

DORMIR · · · · · · · · · · CUSŪ
(Un verbo de la Primera Clase)

Tiempo Futuro

Singular

yo dormiré	cusū-ná (formal)
	cusū-rī (familiar)
tú dormirás	cusū-rō
usted dormirá	cusū-ní
él dormirá	cusū-de
ella dormirá	cusū-ña
el niño dormirá	cusū-i
el animal dormirá	cusū-tī
el dios dormirá	cusū-yā

Plural

nosotros dormiremos	cusū-ná jínáhan-ná (formal exclusivo) cusū-rī jínáhan-rī (familiar exclusivo) cusū-yō jínáhan-yó (inclusivo)
vosotros dormiréis	cusū-rō jínáhan-ró
ustedes dormirán	cusū-ní jínáhan-ní
ellos dormirán	cusū-de jínáhan-de
ellas dormirán	cusū-ña jínáhan-ña
los niños dormirán	cusū-i jínáhan-i
los animales dormirán	cusū-tī jínáhan-tī
los dioses dormirán	cusū-yā jínáhan-yā

Tiempo Pasado

Singular

yo dormí	nī quixī-ná (formal) nī quixī-rī (familiar)
tú dormiste	nī quixī-rō
usted durmió	nī quixī-ní
él durmió	nī quixī-de
ella durmió	nī quixī-ña
el niño durmió	nī quixī-i
el animal durmió	nī quixī-tī
el dios durmió	nī quixī-yā

Plural

nosotros dormimos	nī caquixī-ná (formal exclusivo) nī caquixī-rī (familiar exclusivo) nī caquixī-yō (inclusivo)
vosotros dormisteis	nī caquixī-rō
ustedes durmieron	nī caquixī-ní
ellos durmieron	nī caquixī-de
ellas durmieron	nī caquixī-ña
los niños durmieron	nī caquixī-i
los animales durmieron	nī caquixī-tī
los dioses durmieron	nī caquixī-yā

LOS VERBOS

Tiempo Presente
Singular

yo duermo	quixí-ná (formal)
	quixí-rī (familiar)
tú duermes	quixí-rō
usted duerme	quixí-ní
él duerme	quixí-de
ella duerme	quixí-ña
el niño duerme	quixí-i
el animal duerme	quixí-tī
el dios duerme	quixí-yã

Plural

nosotros dormimos	cáquixī-ná
	(formal exclusivo)
	cáquixī-rī
	(familiar exclusivo)
	cáquixī-yō
	(inclusivo)
vosotros dormís	cáquixī-rō
ustedes duermen	cáquixī-ní
ellos duermen	cáquixī-de
ellas duermen	cáquixī-ña
los niños duermen	cáquixī-i
los animales duermen	cáquixī-tī
los dioses duermen	cáquixī-yã

COMER — QUEE
(Un verbo de la Segunda Clase)

Tiempo Futuro
Singular

yo comeré	quee-ná (formal)
	quee-rí (familiar)
tú comerás	quee-ro
usted comerá	quee-ní
él comerá	quee-dé
ella comerá	quee-ñá
el niño comerá	quee-í
el animal comerá	quee-tí
el dios comerá	quee-yá

Plural

nosotros comeremos	quee-ná jínáhan-ná (formal exclusivo) quee-rí jínáhan-rī (familiar exclusivo) quee-yo jínáhan-yó (inclusivo)
vosotros comeréis	quee-ro jīháhan-ró
ustedes comerán	quee-ní jínáhan-ní
ellos comerán	quee-dé jínáhan-de
ellas comerán	quee-ñá jīháhan-ña
los niños comerán	quee-í jínáhan-i
los animales comerán	quee-tī jínáhan-tī
los dioses comerán	quee-yá jínáhan-yā

Tiempo Pasado

Singular

yo comí	nī yee-ná (formal) nī yee-rí (familiar)
tú comiste	nī yee-ro
usted comió	nī yee-ní
él comió	nī yee-dé
ella comió	nī yee-ñá
el niño comió	nī yee-í
el animal comió	nī yee-tī
el dios comió	nī yee-yá

Plural

nosotros comimos	nī cayee-ná (formal exclusivo) nī cayee-rí (familiar exclusivo) nī cayee-yo (inclusivo)
vosotros comisteis	nī cayee-ro
ellos comieron	nī cayee-dé
ellas comieron	nī cayee-ñá
los niños comieron	nī cayee-í
los animales comieron	nī cayee-tī
los dioses comieron	nī cayee-yá

LOS VERBOS

Tiempo Presente
Singular

yo como	yée-ná (formal)
	yée-rí (familiar)
tú comes	yée-ro
usted come	yée-ní
él come	yée-dé
ella come	yée-ña
el niño come	yée-í
el animal come	yée-tí
el dios come	yée-yá

Plural

nosotros comemos	cáyee-ná (formal exclusivo)
	cáyee-rí (familiar exclusivo)
	cáyee-yo (inclusivo)
vosotros comeis	cáyee-ro
ustedes comen	cáyee-ní
ellos comen	cáyee-dé
ellas comen	cáyee-ñá
los niños comen	cáyee-í
los animales comen	cáyee-tí
los dioses comen	cáyee-yá

E.   Las Voces Del Verbo

Se considera que el verbo está en la 'voz activa' cuando
el sustantivo hace la acción que el verbo indica, como por
ejemplo: 'El niño quebró el plato'. Cuando el sustantivo
recibe la acción indicado por el verbo, está en la 'voz
pasiva', como por ejemplo: 'El plato se quebró'. En el
Mixteco hay dos maneras de cambiar el verbo de la voz
activa a la voz pasiva:

1.   Por un cambio tonal.

Ejemplos:

nĭ táhú-i cohō	'El niño quebró el plato.'
nĭ tahū cohō	'El plato se quebró.'

2.   Por un cambio de la forma de la raíz verbal.

Ejemplos:

casū-ná vehe	'Voy a cerrar la casa.'
ndasū vehe	'La casa está cerrada.'

130

cuhnī   'amarrar'
nuhnī   'está amarrada'

APENDICE IV
LA NUMERACION

A. Los Números

1. iin - uno
2. uū - dos
3. unī - tres
4. cuūn - cuatro
5. uhūn - cinco
6. iñū - seis
7. usiā - siete
8. unā - ocho
9. iīn - nueve
10. uxī - diez
11. uxī iin - once
12. uxī uū - doce
13. uxī unī - trece
14. uxī cuūn - catorce
15. xiahūn - quince
16. xiahūn iin - dieciséis
17. xiahūn uū - diecisiete
18. xiahūn unī - dieciocho
19. xiahūn cuūn - diecinueve
20. ocō - veinte
30. ocō uxī - treinta
35. ocō xiahūn - treinta y cinco
40. uū xico - cuarenta
45. uū xico uhūn - cuarenta y cinco
50. uū xico uxī - cincuenta
60. unī xico - sesenta
70. unī xico uxī - setenta
80. cuūn xíco - ochenta
90. cuūn xíco uxī - noventa

B. Los Números Cardinales y Ordinales

La posición de estas palabras en la frase sirve para distinguir entre los números cardinales y los números ordinales. Los números cardinales van antes de los nombres que ellos modifican, y los números ordinales van después de los nombres que ellos modifican.

Ejemplos:

uū vehe   'dos casas'
vehe uū   'la segunda casa'

APENDICE V

LAS MONEDAS

uū xūhún	$ .25	veinticinco centavos
cuūn xūhún	.50	cincuenta centavos
iñū xūhún	.75	setenta y cinco centavos
uxī xūhún	1.25	uno veinticinco
uxī uū xūhún	1.50	uno cincuenta
ocō xūhún	2.50	dos cincuenta

APENDICE VI

LAS FRACCIONES DE SAN MIGUEL EL GRANDE

nduhā véé	Juárez	nduhā laguna	Hidalgo
nduhā síminī	Guerrero	yucu nínu	Victoria
nduhā stócó	Saragoza	yosíí	Morelos
yucu jío	Chapultepec	yūcha cuaān	Madero

www.ingramcontent.com/pod-product-compliance
Lightning Source LLC
LaVergne TN
LVHW091511170726
843492LV00001B/433